中国建投研究丛书

我国金融资源产权制度研究

Research on Property Rights in Financial System of China

柯 珂 / 著

社会科学文献出版社
SOCIAL SCIENCES ACADEMIC PRESS (CHINA)

《中国建投研究丛书》编审委员会

主　编　庄乾志

副主编　张志前

编　委　黄建军　柯　珂　徐志斌　李　刚
　　　　董建强　肖　磊　喇绍华　张璐璐

总　序

　　一千多年前，维京海盗抢掠的足迹遍及整个欧洲。南临红海，西到北美，东至巴格达，所到之处无不让人闻风丧胆，所经之地无不血流成河。这个在欧洲大陆肆虐整整三个世纪的悍匪民族却在公元1100年偃旗息鼓，过起了恬然安定的和平生活。个中缘由一直为后人猜测、追寻，对历史的敬畏与求索从未间歇。2007年，维京一个山洞出土大笔财富，其中有当时俄罗斯、伊拉克、伊朗、印度、埃及等国的多种货币，

　　货币发行时间相差半年。"维京之谜"似因这考古圈的重大发现而略窥一斑——他们的财富经营方式改变了，由掠夺走向交换；他们学会了市场，学会了贸易，学会了资金的融通与衍生——而资金的融通与衍生改变了一个民族的文明。

　　投资，并非现代社会的属性；借贷早在公元前1200年到公元前500年的古代奴隶社会帝国的建立时期便已出现。从十字军东征到维京海盗从良，从宋代的交子到曾以高利贷为生的犹太人，从郁金香泡沫带给荷兰的痛殇到南海泡沫树立之英国政府的诚信丰碑，

历史撰写着金融发展的巨篇。随着现代科学的进步，资金的融通与衍生逐渐成为一国发展乃至世界发展的重要线索。这些事件背后的规律与启示、经验与教训值得孜孜探究与不辍研习，为个人、企业乃至国家的发展提供历久弥新的助力。

所幸更有一批乐于思考、心怀热忱的求知之士勤力于经济、金融、投资、管理等领域的研究。于经典理论，心怀敬畏，不惧求索；于实践探索，尊重规律，图求创新。此思索不停的精神、实践不息的勇气当为勉励，实践与思索的成果更应为有识之士批判借鉴、互勉共享。

调与金石谐，思逐风云上。《中国建投研究丛书》是中国建银投资有限责任公司同事在瞻顾历史与瞻望未来的进程中，深入地体察和研究市场发展及经济、金融之本性、趋向和后果，结合自己的职业活动，精制而成。丛书企望提供对现代经济管理与金融投资多角度的认知、借鉴与参考。如果能够引起读者的兴趣，进而收获思想的启迪，即是编者的荣幸。

是为序。

张睦伦

2012 年 8 月

编辑说明

中国建银投资有限责任公司（中国建投）为推动研究工作不断深入，促进相关领域学术交流，编辑出版《中国建投研究丛书》。每年出版一辑，每辑若干卷。希望这些研究成果能够为政府相关部门、企业、研究机构以及社会各界读者提供参考。

《丛书》收辑中国建投本部及所属企业研究者的研究报告、学术专著和论文集等，内容涉及经济、金融、投资、企业管理等各个方面，包括投资实例、公司治理、集团管控、企业文化、人力资源、财务管理等，也包括对宏观经济、金融、行业、产业、法律、社会等相关问题的研究，以及国内外社会科学热点问题的研究。

本研究丛书仅代表作者本人或研究团队的观点，文责自负。文中若有不妥、甚至错误之处，欢迎广大读者批评指正。

目 录

导 言 ··· 1

第一章　我国金融资源产权制度的一般分析 ·················· 16
　第一节　我国金融资源产权制度的一般特征 ··················· 16
　第二节　我国金融资源产权的权利特征 ························· 20
　第三节　我国金融资源产权制度安排和权利结构的激励
　　　　　特征 ··· 22

第二章　我国金融资源产权制度中的政府 ····················· 30
　第一节　对我国金融资源产权制度中政府的一般描述 ······· 32
　第二节　我国政府在金融资源产权界定中的利益偏好 ······· 40
　第三节　我国金融资源国有制产权界定的成本分析 ·········· 44

第三章　我国金融资源产权制度中的委托代理关系 ········· 49
　第一节　我国金融资源产权制度中委托代理关系的一般
　　　　　特征 ··· 50

第二节　委托人－代理人关系中的履约行为分析 …… 57
　　第三节　委托－代理关系中的激励和监督制度安排 …… 62
　　第四节　代理成本 …… 70

第四章　代理组织的选择 …… 75
　　第一节　我国金融契约形式选择的影响因素 …… 77
　　第二节　我国金融契约形式的特点及成本分析 …… 84
　　第三节　我国银行契约和市场契约的比较和博弈行为
　　　　　　分析 …… 93

第五章　我国国有银行产权制度分析 …… 101
　　第一节　我国国有银行的产权性质分析 …… 102
　　第二节　国有银行改革的产权含义 …… 112
　　第三节　国有银行产权性质对银行管理者行为的影响 …… 121

第六章　我国金融资源产权制度变迁分析 …… 138
　　第一节　金融资源产权制度设计对其变迁的影响 …… 138
　　第二节　我国金融资源产权制度变迁的动力机制分析 …… 147

第七章　结论 …… 153

参考文献 …… 157

后　记 …… 163

导　言

　　本书主要运用新制度经济学理论研究中国金融资源产权制度。将中国金融资源的产权制度作为研究的主要对象，不仅具有重要的现实意义，而且具有重要的理论意义。

　　制度很重要，因为制度是经济增长的一个主要动力。在制度经济学家诺思看来，制度甚至被看做是经济增长的唯一重要因素。他认为，创新、技术进步、投资增长和资本积累是增长的表现和结果而不是增长的原因。由于现实世界中无处不在的交易成本，使得制度成为解释经济体系运转的关键的内生变量。

　　制度对中国来说更加至关重要，因为中国是一个转轨国家，转轨就是制度的全面转型。中国更需要加强对制度的研究。但相对于经济总量的持续快速增长，中国经济制度的发展显得有些滞后。制度对经济增长提供的支持不足，甚至成为经济增长和社会发展的瓶颈。张军曾指出，当东亚经济这些年来都在努力积极推动金融自由化和体制变革时，当印度的相对优良的制度基础设施正在对经济增长产生积极效应的时候，当外部的平衡总会不断被打破的时候，我们该记住吉富胜先生对制度软肋的提醒。中国经济应该在制度转轨上提速了。我们需要在填平那个"制度的缺口"上下真功夫。

我国金融制度的发展尤其滞后。与其他经济领域相比，金融在改革、发展和创新等方面都是滞后的。金融体系的落后制约了经济体系的发展，金融制度发展的滞后又制约了金融体系的发展。所以，对金融制度的研究显得特别的重要和迫切，尤其是对金融资源产权制度的研究，因为产权是制度研究的核心概念，它不仅对经济效率具有重要的作用，而且产权制度还构成了各种制度的基础。而金融资源的产权制度则是各种金融制度的基础和起源，它为金融活动提供了约束和激励，是金融资源配置效率和金融制度变迁的决定因素。

但是，长期以来，我国对金融体系的研究大都集中在政策层面和技术层面，如对货币政策的研究、对产品定价的研究等等，缺乏从制度层面对金融体系和金融问题的深入研究，尤其是缺乏运用产权和交易成本方法对金融制度的初始安排及其影响的研究，而这正是本书研究的重点。

从理论研究来看，尽管制度对经济增长的重要性很早就被经济学家们认识到了，但制度经济学家大量的研究还仍然集中于对私有制度结构下的不同制度安排的分析，对那些不是以私有制和市场制度为主的经济体系研究不足。

中国有特殊的国情。虽然中国与其他转轨国家和发展中国家一样，面临着很多相似的问题，但由于初始的政治约束和制度条件不一样，中国具有特殊的转轨模式、历程和路径，具有很多与东欧等其他转轨国家、发展中国家和非市场制度国家不同的问题,这对中国问题的理论研究提出了一系列新的课题。

本书试图运用新制度经济学理论研究中国特殊的金融资源产权制度。通过研究我国的金融资源产权制度,一方面希望能够为我国现实存在的金融问题、金融发展面临的困境提供制度层面的解释,为金融制度改革和金融体系发展提供一些启示;另一方面也试图能够为新制度经济学理论研究增添新的素材。

一 研究主要运用的理论体系

新制度经济学是本书研究我国金融资源产权制度时主要运用的理论体系。

新制度经济学就是用主流经济学的方法分析制度的经济学。通过引入信息、交易成本和产权约束,修正了新古典经济学的假设,将新古典经济学原来视为理所当然、已经存在的制度前提引入经济模型中,并将制度赋予深刻的效率因素。新制度经济学认为,制度是影响人们行为和资源配置效率的重要因素,将理论研究的重点从价格和市场转向了制度。

新制度经济学包括许多理论分支,本书在研究我国金融资源产权制度的时候,主要运用了如下这些新制度经济学理论分支:

第一,产权理论。产权理论包括原始产权理论和产权的利益集团理论与国家理论。原始产权理论在研究产权的产生和发展时,认为经济因素是影响私人产权建立的主要因素,没有考虑社会和政治制度。而产权的利益集团理论与国家理论认为,在产权的形成中,决不再是谈判市场的自由力量在起主导作用了,而会出现一些利益集团甚至国家强权主导产权建立,为自己谋取利益。本书主要运用产权的利益集团理论和国家理论来研究中国金融资源产权制度的起源。

产权的利益集团理论认为,利益集团影响政府的利益取向和偏好,而政府的利益特征和偏好最终又是通过产权结构和制度的设计和实施来反映和实现的,尤其是在政治因素相对重要的经济环境中更是如此。而在我国的经济和金融发展中,恰恰是政治因素在起关键作用,因此,本书从我国政府的利益特征入手研究政府的利益取向,以更好地理解我国国有金融产权的起源。

产权的国家理论认为国家拥有强权,在界定和保护产权时具有规模效益;但国家有自己的利益,在界定和保护产权时又不是中立的,因此国家制定的产权制度并不一定是有利于经济发展的。产权的国家理论可以用来研究政治体系、国家的内部代理等是如何影响产权形成的,研究他们之间的相关性,这正是本书要探讨的主要内容之一。

第二,代理理论。研究委托-代理问题的文献主要有两类,詹森(1983)把这两类文献分别称为"委托-代理人"文献和"代理的实证理论"文献,前者的主要特征是数学化和非实证化,后者则是以实证为主。"委托-代理人"文献十分关注委托-代理关系中规范的一面,即应该怎样构造委托人与代理人的契约关系(包括补偿激励),以提供适当的动力使代理人在不确定和监督不完善的情况下,做出最大化委托人福利的选择。"代理的实证理论"文献更着重于以幸存的契约及组织的形式为模式,来考察订约环境以及监督技术、守约技术等方面的影响。詹森和马克林就是"代理的实证理论"文献研究的代表,他们给定各种订立契约的条件,来考察委托人和代理人所面临的激励问题,以及构成委托-代理关系的均衡契约形式的决定因素。本书将借鉴詹森和马克林等人进行实证研究的角度和思路,研究在我国国有制度约束下的金融资源产权契约中的委托人-代理人关系,回答这种关系有什么特征,契约各方面临的激励和监督机制是什么,代理问题和代理成本如何等问题。

第三,契约理论。契约理论的发展经历了古典契约理论、新古典契约理论和现代契约理论。新古典契约理论是与新古典经济学的发展和成熟联系在一起的,采纳了新古典经济学的完美市场假设,认为信息是对称的。该理论认识到契约存在不确定性,认为尽管存在不确定性,但可以通过当事人约定在未来状态下的权利达成长期契约,来消除不确定性。该理论已经初步认识到契约事后调整的必要性。

但是,一旦没有了完美市场的假设,契约可能就无法达成。后来经过 Alchian, Jensen, Meckling, Ross, Holmstrom 和 Grossman 等经济学家的研究,发展了一个专门的契约理论来研究长期契约,逐步形成了比较成熟的委托-代理理论,也可以被称为"完全契约理论"。该理论的一个重要假设是委托人和代理人都是充分理性的,因此才能够达成完全契约,对未来所有可能发生的状态下参与者的权利和义务都进行了详尽的规定。

但现实中存在的大都是有限理性,加之交易成本等因素,因此契约是不可能完全的。为此，发展了一个不完全契约理论。该理论认为签约方在事前对未来所作的预期具有不确定性，将来就是现在选择的结果，现在的选择又基于对未来的预期，两者之间存在一种内禀的随机性。"不可预见的可能性"（unforeseen contingencies）就成为契约不完全性的本质原因。不完全契约面临的核心问题是，由于签约方的机会主义行为造成的资源配置的帕累托无效，导致无效投资。

从产权角度来解释，哈特和格罗斯曼认为，不完全契约所没有充分详细规定的权利即剩余权利应该归资产所有者拥有。阿洪和博尔顿（Aghion and Bolton，1992）利用契约不完全性提出了相应的资本结构理论，并指出，由于契约双方关心的利益不一致，所以控制权的分配非常重要。通过这个权利的配置，确保在次优条件下实现最大化总剩余的最佳权利结构。对金融契约的研究依据成本效应、风险分配和控制权分配等角度进行，提出了不同的金融契约对应着不同的治理结构。比如，信贷配给也被认为是基于市场道德风险特征而形成的一种特殊的契约。

该理论还认为交易费用经济学对各种组织的形成能够做出很强的解释力，对经济组织进行契约分析，已经深入到经济制度的研究领域中了，特别是应用于转型经济制度国家的研究。本书主要运用不完全契约理论来研究我国金融资源权利的配置和金融组织制度的安排，以及这些安排对经济效率的影响。

第四，企业理论。现代企业理论将企业看成是一系列的契约组合，这些契约是不完备的，并不能把企业在未来生产和生存过程中的所有交易状态都明确下来，因此企业就具有了不确定性。针对这些不完备的契约和不确定性，企业的产权制度安排显得尤为重要。本书将运用现代企业理论，研究是什么因素导致我国银行组织形式的形成，它的契约特征和性质是什么。

第五，制度变迁理论。制度变迁理论认为，不同的制度安排会产生不同的经济效率，制度结构以及制度变迁是影响经济效率和经济发展的重要因素，因此经济发展要到制度变迁中去寻求答案。产权制度的进步是经济发展的一个重要和关键的原因。制度变迁在发展过程中是不可避免的。人们为了提高经济效率和社会福利正试图对不同的制度安排做出社会选择。

诺思教授认为，制度是社会的一种博弈规则，制度的框架决定了组织生存和发展的机会，反过来，组织的演化又会影响制度变迁的路径和过程。在制度变迁中，同样存在着报酬递增和自我强化的机制，不同的路径最后导致不同的结果。一旦走上某一路径，它的即定方向在以后的发展和演变中会得到自我强化，这就是路径依赖。即人们过去所作的选择决定了他们现在可能的选择。

V.W.拉坦研究得出，制度变迁不仅是对更有效的制度需求引致的，而且也是关于社会与经济行为以及组织与变迁的知识供给进步的结果。这表明他已经运用供给－需求框架来研究制度变迁过程了。此外，他还讨论了经济和政治市场，尤其是官僚主义行为和集体行为对制度变迁方式的作用。因此，也可以说制度变迁方式的选择除了成本收益外，还主要受制于一个社会的利益集团之间的权利结构和社会的偏好结构。

林毅夫将制度变迁区分为诱致性变迁和强制性变迁，也是运用供给-需求框架对制度变迁进行研究的，并十分强调国家和意识形态在制度变迁中的作用。张宇燕运用利益集团理论来研究中国制度变迁问题时发现，在中国利益集团的存在并不像奥尔森所说的是一个负面概念，而是具有正面意义。这是因为，他认为在计划经济中，政府垄断了进入市场的权利，如果出现一些新兴利益集团，他们则会通过政治过程"撬动"市场的进入壁垒，从而有助于引入竞争，推进市场化进程。此后，他又得出"贾谊定理"，让更多的利益集团产生是对付利益集团的良方。

已有的制度变迁理论研究成果为我们提供了一个分析中国金融制度变迁的研究框架、视野和思路。但是，制度变迁理论大都是通过对特定的西方发达国家过去的历史发展过程进行研究而得出的结论，将这些结论运用到中国金融制度的研究中，还需要结合我国的实际情况。

二 逻辑思路

本书研究我国金融资源产权制度的逻辑思路如下：

首先，从一般意义上研究中国金融资源产权制度的主要特征。在没有平等的所有者之间进行权利交换，只有国家拥有金融资源的所有权的情况下，国家动用了较少的资源界定了金融资源产权制度和权利体系，约束体系中人们的行为。从理论上讲，这个产权制度不是真正意义上的"产权制度"，因为它不是人们之间平等交易的结果。这个产权制度的结构设计和具体实施是由国家主导的，与这种产权制度相联系的是租金耗费。这种产权制度的主要特征就是类似一个"超级企业",具有行政性质,金融活动不是由人们之间协商达成的契约进行约束和协调的,而是由行政属性的层级秩序控制的。这种产权制度对于人们的激励很弱,甚至产生负激励。

其次,运用国家理论和利益集团理论来研究我国金融资源产权制度的起源。论述政府在金融资源产权制度中的作用,表明这种制度的安排体现了政府的利益和偏好。由于这种产权制度是通过层级式的委托代理进行的,因此,本书还运用委托-代理理论研究我国金融资源委托-代理关系中的代理问题。

再次,从微观层面进一步研究我国金融资源的产权安排。主要是运用契约理论和企业理论分别研究我国金融资源产权制度下金融契约形式选择的决定因素和金融组织形式的契约性质,解释我国金融体系中组织形式的经济逻辑。将银行和市场还原为契约,研究他们各自的契约性质,以及相互之间存在的博弈行为。银行和市场作为契约形式,为争夺代理权利进行博弈,造成了很高的交易成本,高交易成本意味着金融资源配置的浪费,银行和市场对资源权利的争夺是一种非生产性行为。

最后,分析中国金融资源的产权制度对中国金融制度发展的影响。从制度产出上讲,由于路径依赖,初始的产权制度形成了未来制度演变的路径,既得利益集团会形成足够的力量阻碍产权制度的演变,从而阻碍经济的发展。

新制度经济学主要进行的是规范研究,本质上是寻求社会最优的交易结构,包括制度、组织形式和规则等。而本书研究的目的和出发点，不是探寻中国最优交易结构、制度和组织方式，而是对中国金融资源产权制度进行实证研究，揭示这个制度的起源、本质和特点，以及它的经济效应和制度效应，为中国金融体系目前存在的问题以及未来的金融改革提供制度层面上的理论解释和依据。但在研究方法上，本书研究依然以有限理性选择和均衡分析为前提，引入交易成本和产权的约束，研究在特定产权制度的框架下，经济主体的行为和资源配置效率。

三 主要概念的界定

1. 制度

诺思对制度所下的定义："制度是一个社会的游戏规则，更规范地说，它们是为决定人们的相互关系而人为设定的一些制约。制度构造了人们在政治、社会或经济方面发生交换的激励结构。"[①]"制度提供了人类相互影响的框架，它们建立并构成一个社会，或准确地说一种经济秩序的合作与竞争关系"。[②] 制度包括"正规约束"（例如规章和法律）和"非正规约束"（例如习惯、行为准则、伦理规范），以及这些约束的"实施特性"（诺思，1994）。

制度通过提供一系列的规则界定人们的选择空间，约束人们之间的相互关系，帮助交易主体形成稳定的预期，从而减少了竞争中的不确定性和交易费用。制度本质在于行为的高度可预测性，即提供相对稳定的预期。财产权是制度存在的必要条件，交易是对制度

---

① 道格拉斯·诺思：《制度、制度变迁与经济绩效》，上海三联书店，1994。
② 诺思：《经济史上的结构与变迁》，商务印书馆，1992。

进行分析的基本单位。

从现代博弈论看制度，可以把制度分为博弈的参与人、博弈规则和博弈过程中参与人的均衡策略。诺思认为制度就是社会的博弈规则。赫尔维茨认为制度必须是可执行的，并用纳什均衡概念来表述：如果在别人将遵从所设定的策略的前提下，没有任何一个参与人有偏离其选择策略的动机，此时参与人的策略组合便被称为是纳什均衡。①

2. 产权

产权是新制度经济学的一个核心概念，而产权制度是制度体系中的核心。

产权是一个社会实施的选择一种经济品的使用的权利，是指人们对物的使用引起的相互认可的行为关系。产权制度是一系列用来确定每个人相对于稀缺资源使用时的地位的经济和社会关系。② 产权的安排会形成激励机制，影响人们的行为，从而影响资源的配置、产出的构成和收入的分配等。

本书认为，产权应该具备三个最主要的特征：一是交互的概念。正是由于经济活动中人与人之间必然要发生关系，才会有权益的保护、损害和赔偿等问题。如果在只有一个人的世界中，产权就没有存在的必要了，也无法构建真正的产权。二是产权是关于人与人相互之间的权利、利益和损失的界定，以及谁承担损失和谁获得

---

① 青木昌彦：《比较制度分析》，上海远东出版社，2001。
② E. G. 菲吕博腾、S. 配杰威齐：《产权与经济理论：近期文献的一个综述》，《经济文献杂志》第10期，1972年12月。

收益的规定，是人与人之间责、权和利关系的规定，用来调整人们的行为。产权既是自己行为权利和责任的明确，也是对相对于自己而言的别人的行为权利和责任的限制，也是赋予了个人阻止别人侵害自己利益的权力。产权界定能够更好地维护所有权带来的利益，减少别人对自己的所有权利的侵害。三是产权是可以交易的。人们之间的交易活动实质上就是产权之间的交换，通过交易产权，调整初始的权利分配结构，从而提高资源的配置效率。

阿尔钦说，经济学的问题，或价格如何决定的问题，实质上就是产权应如何界定与交换以及应采取怎样的形式的问题。因此，资源与其是说是一种财产，不如说是一种权利，以及与之相联系的利益和风险。资源配置就是对权利的安排。不同的权利安排会影响人们的收益－成本结构，从而影响资源配置的效率。一个经济体系中存在的产权种类和结构可以体现出这个经济体系的竞争特征、行为特征、决策特征等等。

产权是不同于所有权的，两者之间既有紧密联系，又存在区别。两者的区别是：所有权是指财产所有者支配自己财产的权利；产权是指人们是否有权利用自己的财产去损害他人的利益，以及是否有权利维护自己的利益。所有权体现的是一种物质属性，产权体现的则是一种社会属性。所有权是指与财产相关联的一系列权利，包括对财产的使用权、处置权和收益权等，是对这些权利的归属和使用进行界定，体现了人与物之间的关系。而产权是指人们在行使财产所有权时，相互之间形成的一种行为关系，是对自己的行为承担责任并享受相应利益的权利，是社会承认的行动权利。

产权与所有权是密切相关的，只有在特定所有权的前提下研究产权才是有意义的和有针对性的。具有物质属性的所有权是产权的前提条件，具有社会属性的产权是所有权实现和受到保护的有力保障。只有人们拥有可交易的所有权，才可能出现人们之间通过交易某些所有权权利，而得到被承认和保护的行为权利和权益，同时也规定了自己的行为，因为他们要为自己的行为承担成本和责任。没有可以交易的所有权，产权也就无从谈起。人们之间只有通过产权的交易，才能达成一种相互之间认可的权益和责任分配结构，人们才能够在这个结构框架内行使所有权权力，不会受到干涉和阻挠，并相应获得收益。由于产权的界定，人们能够阻止其他人干涉他们的行为和侵害他们的利益，能够从侵害其利益的其他人那里获得相应的赔偿。这样才能更好地保护和实现所有权给人们带来的权益。

总之，相对于所有权而言，产权就是以所有权为前提的，通过让渡部分权利进行交易形成的，被承认和保护的行为的排他权利，以及由此获取收益和承担责任的权利。这个行为权利是针对所有权依附的物质而言的行为权利，脱离了所有权的物质，产权也就无从谈起。因此，产权理论所要决定的不是所有者拥有的权利，而是各个所有者之间确立和认可的权利。

有关产权的种类，我国中译文中翻译过来的名称分别为私有产权、公共产权和国有产权。按照产权的定义，产权是与所有权相联系的权利交易的结果，本书认为这种翻译没有准确体现原文中的意思，容易将产权与所有权混淆。本书将它们表达为资源私有制产权、公共所有制产权和国家所有制产权。

新制度经济学就是用来研究人们经济行为的产权制度约束。接受个人效用最大化假定，在给定交易成本不为零的情况下，企图揭示在经济活动中产权和制度的功能，以及它们对一个社会的资源配置与经济增长所起的作用。它强调产权权利的清晰界定及其自愿交易对资源配置效率的影响。本书就是在产权制度的层面对金融体系进行研究的。

3. 交易成本

与产权密切相关的概念是"交易成本"，交易成本是新制度经济学另一个核心概念。对交易成本这个概念的定义有很多种。本书综合并提炼了一个定义：交易成本就是针对资源的排他性产权交易进行的谈判、监督和执行的机会成本，包括为了签订契约而收集信息的成本，产权确立本身所需要的成本等，但不包括生产成本，是一个内容丰富的概念，涵盖了与契约签订和执行相关的所有成本。

交易成本对于资源的配置和经济组织形式具有重要的影响。当交易成本很高时，意味着资源的浪费，会导致组织失效，甚至会阻碍合理产权的安排。正是由于交易成本的存在，才产生了一些用于降低这些成本的不同契约形式和制度安排。交易成本对于理解外部性、组织结构和契约形式以及产权制度的变迁具有关键意义。交易成本的概念把"交易"作为经济活动的基本单位，在认识上深化了交易对资源配置成本的认识。

新制度经济学将交易成本和产权作为经济体系的外在约束变量，在理性假设的前提下，研究市场交易、组织、契约结构以及社会和政治制度等方面的多样性及其对资源配置的不同影响。一个非常著名的例子就是对奴隶制度的研究。这为我们提供了一个研究思路,当一个制度导致了相对较高的交易成本时,这个制度就有了终结的理由。一个组织和一个契约形式也是如此。各种制度和组织形式之间存在竞争,低交易成本的制度和组织形式将会取代高交易成本的。但事实上还存在一种情况,就是一种制度的交易成本很高从而阻碍了财富的增长,却仍然能够持续存在,新制度经济学对此也提供了深刻的解释。本书将这种交易成本的分析思路作为研究线索贯穿全部。

第一章　我国金融资源产权制度的一般分析

新制度经济学理论认为，为了能够有效地利用资源，必须清晰地界定和实施产权，并且这个产权是可自由交易的。实际上，这个结论还有一个隐含的意思，就是私有制产权是最有效率的。因为，财产的私人所有制是最有利于权利的自由交易的。新制度经济学秉承了新古典经济学的主导思想，认为私人所有财产权和市场机制是资本主义制度获胜的法宝，其研究重点也就放在了资源私有制中的产权，以及租金耗散比较严重的公共所有制中产权的研究上，如渔业资源等。而对国有制中的产权研究很少，而且大都是在对计划经济体系的研究中才涉及。

本章主要以我国国家所有制下的金融资源产权制度为研究对象，研究和剖析该产权制度的一般特征、权利结构、成本－收益结构和激励特征。

第一节　我国金融资源产权制度的一般特征

产权不能脱离所有权而单独存在，所有权是产权的前提和基础，产权是所有权得以维护和发挥的保障，为了能够确保所有权权能的完整和彻底，就必须建立清晰产权制度。一种形式的所有权可以与不同形式的产权共存，那么，为什么会采取这种形式的产权而不采用另一种形式的产权呢？这应该从与所有权紧密联系的政治制度上来寻找根源。

所有制是规定所有权归属的制度，它与政治制度和法律体系是紧密结合的，是由社会制度和政治制度来强制执行和确保的。为了维护所有权制度，政府会相应地制定其他相关制度来辅助所有权制度。产权制度是依附于所有权制度的，是在一定条件约束下选择的结果。它不仅仅依赖于自然禀赋和技术，更重要的是依赖于政治制度和政府结构，反映制度制定者的偏好和制约。

我国的金融体系中，国家所有制是具有统治地位的所有权制度，国家是金融资源的最终所有者，因此，可以将金融体系完全纳入国家所有制的制度边界内。由于金融体系在我国改革和转轨过程中具有十分特殊的作用和意义，国家试图通过强有力地控制金融资源，为体制内的产出增长提供金融剩余，尽管这有可能会损害金融资源配置效率。按照这个思路可以理解，我国的金融资源产权制度并不是人们出于自身经济利益的需求动机而自发协商建立的，而是国家出于能够控制资源配置和获得金融补贴的利益驱动而设立的。无论是银行体系还是金融市场体系，国家都是按照利益输送体来设计的，国家为它们提供长期的隐性的国家信用担保，希望借此有效动员和聚集非国有部门的金融剩余，并控制金融资源的配置，使其流动和配置符合国家的意图，形成有利于国家意愿的利益格局和机制。

从实证分析来看，可以清晰地得出结论，国家的确是强有力地控制了我国金融体系。我国经济改革是从农村开始的，按照经济体系改革的顺序可以看到：1979~1984年，农民储蓄存款每年平均增长率为41%，农村信用社对农户、乡镇企业和集体农业的贷款总额平均只占存款总额的33%。在改革的初期阶段，占总人口3/4以上的中国农民出人意料地以净贷款人的身份为其他经济部门贡献了金融剩余（麦金农，1993，P.277）。随着改革的推进，居民成为储蓄存款的最主要部门，居民储蓄存款占GDP的比重在1978年为5.6%，到2011年末已接近75%（统计年鉴）。银行贷款和市场资源流向的主要部门就是国有部门。张杰对此总结说，这意味着经济可以从非国有部门借入大量的金融剩余，从而使政府在不征收较高的通货膨胀税和进行税制改革的情况下，能够提供足以满足国有企业和中央财政需要的资金。

那么，国家是如何实现意图，达到目的的呢？这主要是通过金融资源产权制度的选择和安排来实现的。这个产权制度的主要特征如下：

第一，国家将金融体系完全纳入国有制度的边界内，按照政治程序来决定谁不能使用什么资产，谁可以使用什么资产，如何使用，资产的形式和规模如何等。明确经济主体对金融资源拥有的相对地位、权利及各主体之间的经济和社会关系。在这个制度安排中，国家注重经济主体对于金融资源的相对地位和权利，却忽略了经济主体之间的行为权利的制度安排。也就是说，国家注重权利的物质属性，却忽视了权利的社会属性。这是我国金融资源产权制度的最根本特点，也是最致命的问题。

第二，金融资源剩余收益的控制权始终由国家掌握，剩余控制权的配置决定了制度的边界。这些权利是不用于交易的，无法实现资本化。

第三，参与者没有选择权和谈判权。这个产权制度不是除了国家之外的参与者之间通过权利交易达成的，他们在事前和事后也都没有谈判权和选择权。产权制度对于他们而言具有不确定性，因为制度由国家来规定这一方式本身决定了这个制度不可能将全部可以预见和不可预见的情景下的状态都给予规定。而一旦出现没有规定的情景，经济主体也是没有谈判权的。因此对于他们来说，产权制度无法形成一个稳定的预期，是以特定的和不可完全预期的方式来影响资源配置和使用的。

第四，经济活动是由层级秩序和行政手段控制的。国家把金融资源的产权制度安排设计成为一个以行政手段为主的利益传导器，不是建立一套可以通过交易进行调整的收益和风险分担制度，而是建立层级制的委托－代理链条，对金融资源的配置、金融资产形式、资产价格、交易形式、参与主体、市场结构和规模等基本要素给予具体和严格的规定和行政限制，行政性质成为产权制度的主要特点，依靠权威、行政手段和强制而不是协商、竞争和价格协调活动和配置资源。

第五，不是依据财产来界定参与者权利，而是将参与者嵌入层级秩序中，依据秩序中的等级来界定其权利。这些权利被制度化，所以这个产权制度中,参与者的个体意识十分淡化,其行为边界、利益边界和成本边界都被制度化的权利所界定,对未来收益的享有权具有不确定性。

第二节　我国金融资源产权的权利特征

产权制度的核心是规则或关于被认可的行为权利的规定,而规则是内生于交易过程的。交易即是从冲突中造成秩序或者从无序到有序的过程,这一过程包含了人类经济活动的全部基本问题(康芒斯,1934)。一个产权制度如果能够明确地规定个人的经济自由权利,并对之提供有效的保护,就能减少个人活动和努力的成本和费用,增加获利的可能,使个人收益接近社会收益,增大经济激励,使整个社会更富于创造精神,从而实现经济增长。

在金融资源单一的国家所有制下,国家拥有资源的排他性产权实际上是一个美丽的谎言,因为只有当至少有两个以上的主体存在时,才会有产权存在的意义。在鲁滨逊·克鲁索的世界中,产权是没有作用和意义的。在单一国有制的经济体系中,不存在这样的交易主体,即国家需要得到他的认可才能以特定方式行事的主体,那么所谓的"国有产权"就是没有实际意义的。由于不存在可以与国家进行协商、订立契约进行权利交换以寻求自身利益最大化的权利主体,因此,我国金融资源产权制度不是真正意义上的产权制度。

在我国的金融体系中,国家通过制度设计将体系中的参与者固化为国家的代理人,将他们与级别对应,赋予他们与级别相连的权利，并割断这些权利之间的自主交易。金融体系中没有真正意义上的权利之间的交易，因为除了国家之外，没有相互之间对等的权利主体可以作为交易对手。国家通过管制和限制阻碍经济主体之间为了自己的利益而进行的协商和合约签订行为，使他们无法通过交易权利来界定和维护自己在金融体系中的行为权利和成本－利益构成。

产权理论认为，当潜在的产权所有人对于排他性权利的期望收益为正时，资产的排他性权利就会被界定和实施。产权本质上是一种排他性权利，排除的是权利主体之外的平等主体，而产权产生的前提条件是私人利益之间存在冲突。我国金融体系中，在国家所有制的制度背景下，并不存在清晰的私人产权关系。并不是他们没有经济动机和利益需求，而是由于国家的制度安排使私人之间为调解利益冲突进行权利交易的成本太高，从而阻碍了他们之间的交易。产权制度为经济主体之间自发订立合约设定了障碍。如果经济主体之间为了自己的利益而试图订立合约的话，会遭遇到很高的交易成本，大于收益的交易成本阻止了这种行为的产生。因此，经济主体无法通过相互之间自主的权利交易来调整初始的产权结构。

在这种制度下，他们只有通过与国家之间进行博弈，以及相互之间进行博弈，才能扩大自己的行为边界和利益边界，调整自己的收益－成本结构，获得自身利益的最大化。经济主体这种获取利益最大化的行为是不计成本的，或者说，这个成本是不需要由他们全部承担的，而被转嫁给他人或社会，成为改革成本的一部分。因为他们不需要得到别人的认可就能行使自己的权利,这是参与者面对制度约束的最优行为选择。国家对于他们的行为权利和责任没有给予定价,也没有建立相应的定价机制和权责配置机制。

产权制度是由国家设计和安排的,从这个意义上讲,对全社会是一个资源的节省,因为权利界定相对简单和容易,动用的成本也相对地少,相当于扩展了社会生产性边界。但这个权利结构和制度的实施却产生了很高的交易成本,因为其内部治理费用高昂,国家给予的限制也很多。我国金融资源产权制度的最大问题也是主要特征在于它不能精确衡量任何人使用资源带来的成本,从而鼓励人们以不顾行为后果的方式去实现这些权利,常常做出被认为是不道德的、破坏社会的行为,结果就是导致金融资源的过度使用和低效率配置。

在实际生活中,我国金融资源产权制度在实施中出现了事实上的权利主体缺失的现象。国家是唯一的权利主体,但由于产权的实际执行成本过高而无法有效地保护其权利和利益。

第三节 我国金融资源产权制度安排和权利结构的激励特征

国家是唯一的权利主体,较多地注重权利的物质属性,而在实施中出现了事实上的权利主体缺失现象的金融资源产权制度,导致金融体系存在比较严重的外部性,为外部性内部化提供的激励不足,交易成本很高,形成了特定的激励体系,影响经济主体的成本-收益结构,从而影响他们的行为和资源配置效率。

一 不计成本的利益摄取激励

在我国，国家对金融资源的产权界定实际上就是所有权的委托，偏重于物质属性，在实际执行中，就出现了类似渔业这种公共资源存在的问题，也就是说，金融资源具有了公共资源的一些性质，金融资源对于参与者来说类似于公共资源。在国家界定的制度边界内，产权制度没有办法有力地约束参与者行为，每个人都有可能有权使用金融资源，任何人都无法排除其他人使用的权利，只要与国家之间进行博弈就可能争取到更多的权利。不需要得到别人的认可，无需与别人进行权利交易才能实现，关键取决于博弈的能力如何。

由于没有一个机制为这个能力进行定价，无法精确衡量使用资源带来的成本；也没有相应的制度安排，对于参与者使用资源的成本和收益进行合理配置，建立成本－收益承担机制。从而，在金融体系中，参与者与国家之间进行博弈获取权利产生的成本未必就是其自己来承担的，他们未必会为其获得的资源使用权支付全部的费用，这激励人们会以不计成本的方式去争取和实现这个权利。由于国家对于他们签订契约的严格限制，集体行动的搭便车行为和信息不对称等，各参与者之间联合起来进行谈判、界定和维护权利的成本是十分高昂的，所以也不会在经济主体中间自发地产生"付他报酬让他不使用财产"的制度安排。由于经济主体不具有资源使用的剩余索取权，这个资源未来的收益和成本与他是没有关系的，他对资源的使用也不会充分考虑对别人和未来的影响。

这种制度激励大家不计成本和不顾后果地为争夺金融资源而竞争，他们争夺资源的行为可能对别人和未来造成了损害，但没有相应的制度和机制来确定损失，为损失定价，并追究责任。对责任和因行为导致的损失的不同安排影响了资源配置和人们行为的决定权和选择权。不同的责任制度可能会产生不同的资源使用形式。[①] 当不需要为自己的行为承担全部或根本不需要承担责任时，人们争夺金融资源的行为变得更加具有冒险性质，而将冒险行为的成本转嫁给别人，自己得到了利益和成果。国有商业银行大量的不良贷款就是一个极好的例证。在这样的制度下，如果你不冒险，不但要承担别人冒险的成本，而且也得不到自己不冒险的收益，因此，不会不去冒险，否则也不会因为自己这种遵纪守法的行为而获得利益，反而会被淘汰。因此，可能要比其他经济主体更冒险，才能获得超额的利益，从而形成了鼓励经济主体不计成本争取自身利益的激励机制累积效应。

二　主动设租、自我寻租和共谋激励

在我国金融资源产权制度的安排中，参与者都是国家的不同层次和层级的代理人，委托代理关系成为最主要的关系，金融体系因此而受到了代理问题以及各种信息和激励问题的困扰，金融资源具有了"公共资源"的性质。这导致参与者主动设租、自我寻租，寻租以及他们之间的共谋行为盛行，租金耗散现象严重，产生了很高

[①] E. G. 菲吕博腾、S. 配杰威齐：《产权与经济理论：近期文献的一个综述》，《经济文献杂志》第10期，1972年12月。

的交易成本。

国家为了确保金融体系为国有企业等特定利益集团输送特定金融剩余，而设置了很多的限制和禁止制度，形成了"制度性租金"，这个租金就是为经济主体提供的一种廉价选择权。由于这个选择权带来的收益是相对垄断的，因此这个选择权的价值就相对高，参与者寻租的利益动机就十分强烈。而且在这种产权制度安排下，这个选择权具有公共资源的性质，意味着不寻租白不寻租，如果你不去寻租，你不但没有收益，反而可能承担别人寻租的成本。如果你去寻租了，不但能够得到这个廉价的好处，而且也可能不用为此承担全部的成本，支付必要的成本。因此，经济主体的寻租行为盛行。金融体系中除了显性的制度和规定外，实际上存在隐性机制和潜规则，后者甚至发挥着更大的协调作用。

设租和寻租理论认为，当行政主体有权设定市场准入障碍时，他们就有设租的利益动机。有一些监管者，由于是国家的代理人，在这其中具有信息优势和制度设计主动权，更加明白寻租的根源和激励机制的原委。如果他们采取可以降低交易成本的制度安排，就会减少寻租行为，增加社会收入，但他们不会直接从这部分增加的社会收入中受益；而且他们这么做还会由于损害既得利益者的利益，而影响自己的政治利益。因此他们有动力去放弃尽管是更加有效的制度安排，而是选择能够直接使其自身受益的制度。为了追求自身利益最大化，利用经济主体作为工具，主动设租和自我寻租。比如在我国的证券市场上，对于上市程序、券商业务资格等设定了严格的审批手续，限制对券商股权投资的准入政策，对券商的业务进行具体审批等。而且这些审批制度和要求并不完全公开和透明，以促进参与者之间的竞争，增强设租者的权威性，增大其设租和寻租的砝码。设租者本身又是寻租者，因此内生决定租的规模（Appelbaum and Katz, 1987），同时助长经济主体的寻租行为不断升级。金融体系中出现了反复设租和寻租的怪圈。

这种怪圈直接激励了合谋的产生。合谋就是两个或两个以上的人以欺诈为目的达成的协议（Olson and Torsvik, 1998）。国家的限制和管制为一些经济主体提供了廉价的特权和地位。有部分掌握特权和战略性地位的经济主体具有了很高的谈判地位，占据信息优势，是市场中主动寻租的主要部分。他们与一些监管者在反复设租和寻租的过程中，都意识到他们可以联合起来，隐藏信息，扩大租的规模，获得更多的廉价好处，分享不断扩大的租金收入，合谋自然就产生了。于是，中国金融体系中出现了很多现象，如证券市场上出现了长期存在的一个"公开的秘密"，即内幕交易、操纵市场等行为。有一些监管者、上市公司和券商共谋隐藏上市公司的真实业绩，从企业的上市中谋取利益；一些监管者和券商共谋隐藏券商的不尽责行为；人人痛恨的庄家实际上就是掌握特权的参与者，包括有背景的券商，他们联合一些监管者共谋操纵市场。

三 强制监督和惩罚的高成本导致违约和欺骗激励

在我国目前的金融资源产权制度安排下，强制监督和惩罚的成本很高。

参与者缺乏自发建立第三方监督和惩罚制度的激励，如建立行业协会等自律组织或者是家族式和社区式的内部治理组织。首先，由于收益不确定而成本高昂，参与者缺乏自发组织和创建监督和惩罚制度的动机。自发组织和创建监督和惩罚制度的创建者一般需要明白这个制度会产生什么样的分配后果，从而可以利用这项制度来获取个人利益。但是，我国金融资源产权制度使经济主体对自己的权利边界和利益边界不确定，对于制度改变后的预期也是不确定的，他们无法确切地知道制度建立和改变后会给他们带来多少利益。而且他们之间通过契约交易调整权利结构、减少不确定性的成本很高，因此经济主体自发建立监督和惩罚制度的成本会很高。

其次，组织和创建监督和惩罚制度会产生集体行为问题，存在搭便车行为。大家都希望别人能够建立这个制度，自己受益。由于成本高昂，没有经济主体愿意承担这个成本，反而会担心建立这个制度会危及自己的利益。因此，可以说我国目前的金融资源产权制度实际上存在机会主义的激励，参与者都试图为自己谋取廉价的利益，尤其是具有较高谈判地位的参与者更是有这个牟利的条件。具有较高谈判地位的参与者也是最有能力自发创建制度的主体，但出于对自己利益的考虑，他们缺少创建制度的经济动机和需求。

既然参与者缺乏自发建立第三方监督和惩罚制度的激励，那么只有依靠国家来建立强制监督和惩罚制度了，但国家在建立相应制度时却遇到了阻力。首先，与纵容和其他措施相比，惩罚会增大国家界定产权和建立产权制度的成本。因为如果要惩罚，就会追究责任，由于金融资源产权制度中缺乏成本－收益承担机制和定价机制，经济主体的责任界定需要耗费很高的成本。其次，利益集团也会阻碍强制监督和惩罚制度的建立。这个利益集团包括从这个产权制度得到利益的监管者，他们从国家索取特权和从这个制度中获取利益的行为本身可能就是惩罚的对象，强制监督和惩罚制度的建立会受到利益集团的阻挠。

总之，我国目前的金融资源产权制度增大了社会成本，没有把一个主体的行为与未来的收益有效地联系起来，没有将主体的利益与其行为的责任和成本有效联系起来；并且通过限制政策增大了经济主体之间缔结契约自愿交易的成本，阻碍他们之间进行协商和谈判来确定利益边界。经济主体对自己权利和收益的不确定性导致机会主义的盛行。根据陆磊对证券行业实证研究的结果，证券市场上基本采取打一枪换一地方的游击战术。也就是说，参与者之间更多的是在进行一次性博弈，理智的参与者的占优策略就是背叛和欺骗。根据囚徒困境理论，即使是两个人，他们也不会协作。而且他们并不担心这种背叛和欺骗行为被发现，所以抑制了市场中的重复博弈，市场中进行的这种博弈实际上是一种"负和博弈"。

鼓励冒险和寻租、缺乏强制监督和惩罚制度、存在违约和欺骗激励的金融资源产权制度安排影响了经济主体的决策和行为，出现了诸如关系贷款、合谋圈钱、内幕交易、操纵市场、挪用客户保证金、固定回报委托理财等行为，这些行为是他们在既有产权制度约束条件下的理性选择，是对产权制度下激励机制的一种回应。他们的行为影响了金融资源的配置形态和效率，形成了特定的金融契约结构。国家为金融资源产权制度买单，承担了产权制度外部性导致的社会成本。

张五常说，在缺乏私人产权的情况下，就会出现一种制度安排来降低租金耗费，如集权国家中的强权。而我国金融资源产权制度的安排并不是用来降低因缺乏私人产权而导致的高租金耗费，而是为了能够将金融资产的配置权集中在国家手中。因此，这个产权制度没有给参与者出于自身利益需求而自发订立契约的权利，排除了他们为争取自身利益而进行交易的权利，甚至排除了他们对自己权利和行为后果的稳定预期的权利。在这个制度中，唯一的权利主体是国家，参与者都是国家的代理人，而不是权利主体。他们对权利结构的认可度和可调整度是十分微弱的。这个制度缺乏成本－收益定价机制、责任承担机制和监督惩罚机制，在没有相应制度安排的情况下，参与者对制度约束的最优选择就是：不计成本地追求自己的利益，并将成本转嫁给他人和社会。

外部性效应是这个产权制度的显著特征。参与者对行为的后果不承担相应责任，对自己行为应该获得的收益也不确定。这种产权制度和权利结构是具有强烈的机会主义激励倾向的。因此，国家所有权的被保护程度比较弱。由于交易成本、搭便车和信息不对称，这种产权制度会给社会的经济产出造成损失。

第二章　我国金融资源产权制度中的政府

金融资源产权制度的生成机制对于产权制度是否有效、是否能向着低成本方向演变具有关键的决定作用。产权结构是不断变化的，受到新市场的出现、价格结构的变化、新技术的产生等因素的影响，不断会有新的产权产生，旧的产权消失。在价格、市场、技术等约束条件不变的前提下，应该存在一个最优的产权结构。最优的产权结构能否产生，产权结构能否随着条件的变化而相应地变化，对于资源的使用和配置效率至关重要。因此，研究产权的生成机制具有重要意义。

在产权的形成过程中，经济动机、利益集团的影响以及国家力量都是关键的决定因素，不同因素起主导作用时，就会有不同的产权生成机制。对于金融资源，在不同的经济发展阶段，不同的经济环境中，起主导作用的因素也不同。在我国的经济和金融发展中，是政治因素在起主导作用，国家力量是决定力量。政府是金融资源产权制度的制定者、实施者和主导者，政府的决策行为决定了金融资源产权制度。因此，本章研究我国金融资源产权制度的生成机制，就是主要研究政府在金融资源产权界定中的作用，研究我国政治权力结构和政府特征对我国金融资源产权制度形成和发展的影响。

科斯定理论证，如果交易成本为零，那么一国经济发展并不受政府类型的影响。但如果交易成本为正的，则政治权力的分配和制度结构就成为决定经济发展的关键因素。产权制度的设计和实施具有十分显著的规模经济效应，所以政府应该是这方面的主力。政府既可以通过调整产权结构，降低社会交易成本，来增加社会福利；也可以维持一个高交易成本的产权制度。产权结构和制度安排反映了政府的偏好和制约。因此，对于政府的研究就成为产权理论中不可或缺的重要部分，菲吕博腾和佩杰威齐（1972）曾在他们著名的产权理论文章中指出："缺乏政府理论的产权理论是不完整的"。尤其是在政治因素相对重要的经济环境中，对政府的研究显得尤其重要。在我国这样一个政治和国家力量起主导作用的金融环境中，研究金融资源产权制度更需要研究政府在其中的作用。

本章将制度作为内生变量，研究政府设计、实施和维护金融资源产权制度的动机；研究政府能否能够设计和维持一个有利于经济增长的产权制度；从我国政府的利益特征入手研究政府的利益取向和行为特征，研究目的是将政府的人格化倾向和被赋予利益标签的特征给予总结，凸显政府的效用、偏好和成本－收益结构是如何影响产权制度安排和权利结构的；研究设计和维护这种制度的成本。

第一节 对我国金融资源产权制度中政府的一般描述

一 经济学对国家和政府的研究

在传统经济学的研究中，政治力量被视为外生变量。但随着经济活动复杂性的提高以及人们研究的不断深入，非经济因素，如政治、社会、文化甚至心理等都逐步成为经济活动的解释变量。尤其是政治因素，已经随着国家功能的扩展，政府的强势，以及市场缺陷导致的经济危机和滞胀等而成为经济学研究的重要问题了。经济学家如同研究经济市场一样，研究政治市场以及该市场上进行决策的行为，以寻找经济决策的政治基础。

经济学关注政治因素，研究国家和政府时，在方法论上是以个人主义和经济人作为假设条件的，但在具体的分析术语和研究重点上是不同的。

公共选择理论以政府作为研究重点，认为国家不是抽象的实体，而是由现实中的政府组成的。美国经济学家詹姆斯·M·布坎南是该理论的代表人物。该理论认为，官员是理性的，是有私利的，因此政府也会像市场一样是存在缺陷的，并不一定就是社会利益的代表。为此，布坎南指出"我们必须从一方面是利己主义和狭隘个人利益所驱使的经济人，另一方面是超凡入圣的国家这一逻辑虚构中摆脱出来，将调查市场经济的缺陷与过失的方法应用于国家和公共经济的一切部门"。

新制度经济学的分析术语和重点是国家，主要从制度研究的逻辑来研究国家，对国家的起源和功能等提出了全面的理论；认为国家在界定产权方面、制度变迁过程中具有不可替代的作用，从制度设计者、执行者和改变者的立场解释国家的兴衰和政府的更迭；同时也指出了经济上已处于低效率的政府能够持续存在的原因。

集团理论中，奥尔森将利益集团作为研究重点。他认为国家会受到利益集团的影响，集团的构成和相互之间的利益竞争导致国家的兴衰，国家的发展和经济增长是集团行为的结果。利益集团之间的利益争夺会阻碍经济增长，因此要限制利益集团。

二 产权理论对国家的研究

新制度经济学对国家的研究成果中，最著名的就是诺思的"国家悖论"。新制度经济学认为，国家有两个基本目标：界定产权，制定社会基本规则，使中央政府的收益最大化；降低交易费用，使社会的产出最大化，以增加国家的收入。国家的这两个目标是冲突的，使社会利益最大化与使中央政府的利益最大化两者往往不可兼得。"国家的存在是经济增长的关键，然而国家又是人为经济衰退的根源。这一悖论使国家成为经济史研究的核心，在任何关于长期变迁的分析中，国家模型都将占据显要的一席。"[①] 这个提法也被称为"诺思悖论"。由国家界定和保护产权可以产生规模效益，而国家在界定和保护产权时又不是中立的，国家的目标是增加自己的收

---

① 诺思（North, D.）：《经济史中的结构与变迁》Structure and Change in Economic History, 陈郁等译，上海三联书店，1991。

入,中央政府的目标是使自己的利益最大化。国家的目标和中央政府的目标与社会总收入的最大化并不总是一致的,"新创制的制度协定往往不是使社会收益最大化的那些制度协定。"①

国家具有暴力上的比较优势,它能够规定和实施产权,国家最终要对造成经济增长、停滞和衰退的产权结构的效率负责(诺思,1981)。② 诺思认为政治结构决定产权结构,而适宜的产权结构可以促使经济体系接近技术生产边界。国家在提供产权结构方面具有比较优势和强势地位,那么,国家能否提供适宜的产权结构呢?

诺思(1972)提出,国家并不总是将产权结构向着促进经济增长的方向改进,反而是经常会利用缺乏效率的产权交易牟利,从而损害了经济的增长。出现这种情况的原因是:国家不仅有生产性还有潜在的掠夺性,而中央政府具有自己的利益,它也在追求自己利益的最大化。"国家"这个概念本身是没有主体意识的,国家是由官僚群体组成的中央政府代为行使职能的。作为一个组织,中央政府有自己的特殊利益。作为个体的经济人,官僚群体有个人效用最大化的动机。他们利用强制性权力来追求自己的利益。

由于中央政府和官僚群体实际上面临来自政治对手的压力和竞争,来自代理人的投机行为,以及产权结构本身产生的较高的交易成本等等问题,因此他们在谋求自己利益最大化时,为了自己的利益,导致了建立的产权结构并不总是适宜的,甚至是阻碍经济增长的。

---

① 《西方世界的兴起》。
② 诺思(North, D.):《经济史中的结构与变迁》Structure and Change in Economic History,陈郁等译,上海三联书店,1991。

三 对我国政府的研究

本章糅合了奥尔森的利益集团理论和诺思的国家理论，将政府作为分析术语，对政治市场进行研究：分析我国政府的类型，研究政府在金融资源产权界定和保护中的责任、动机和作用；我国政权体制和政府类型对金融产权制度的影响；中国特殊的政治市场规律对金融资源配置和金融活动的影响。本部分就是主要分析我国政府的类型。

研究的假设前提也是个人主义和经济人假设。理性的个人都会追求自身利益最大化。从伦理的角度来看，作为个体的人都是有私利的，都是追求个人利益最大化的。

政府是由一个一个具体的经济人组成的，每一届政府的组成人员都是不完全一样的，经济人群体的变化构成了政府的更迭。他们是有自己的利益的，会努力维护自己的统治，主要的措施包括制定和维护产权制度。每一届政府都有自己的利益目标，因此，无法抽象地谈论国家，而将具有利益特征的政府作为研究的重点。

公共选择理论根据政府的目标，将政府分为"仁慈的专制者"，"拥有独立利益的巨物"和西方的民主政府模式。我国政府是具有绝对权威的，将全民利益作为自己统治和管理的目标，而且是为了全民的均等利益而服务的。政府也将收入用于人民。但是，政府的实际运作都是由一个个具体的经济人行为构成的，他们都是理性的经济人，在利己的利益动机驱动下，他们中的一些人会舍弃或背离全民利益而追求自己利益的最大化。这些人追求利己的行为不会受到全民的监督和制约，或者说来自全民的监督和制约的力度不够，因为他们与全民之间存在严重的信息不对称。但他们的逐利行为会受到党内的竞争者的监督以及党的纪律的监督，这些人相互之间在谋取个人利益最大化时也存在相互制约。这在一定程度上限制了他们追求自身利益最大化的消极后果。因此，政府的目标虽然是实现完全的全民利益最大化，但在实际运作中，由于一些官员的逐利行为，并没有能够完全根据社会偏好提供制度和公共物品。此时，社会总产出没有最大化，社会的福利受到损失，政府效率存在一定的问题。

在西方的民主政府模式中，除了政府和选民之外，还有一个重要的力量存在，这就是利益集团。利益集团通过种种渠道影响政府的决策，政府的决策是各个利益集团相互博弈的结果。利益集团占有的资源越多，对政府决策的影响越大。

在我国政府中，也有利益集团的存在，政府的决策也是各个利益集团斗争的结果。不同的利益集团，各自从所在区域、所在部门，以及个人利益出发，通过手中掌握的资源，影响政府的决策。他们之间存在竞争。

另一方面，人民对政府官员的监督常常也是有限的。作为监督者的人民关于监督对象（政府及官员）的信息不足。这种监督是缺乏依据和手段的。

政府旨在为民众谋取利益，因此而成为功能繁杂的体系。在决策程序上是民主集中制，推崇集体的智慧，而不信任个人的力量，与经济自由主义的哲学——个人主义是相去甚远了。在进行民主集中时，没有从政治上设置制度来克服"搭便车"行为，在我国的决策程序中"搭便车"行为是十分普遍的，这降低了决策的效率。好像是人人都要担负责任，但实际上人人都不用担负责任。

政府在多大程度上能够做到完全满足人民的愿望，要看人民对政府的约束和监督力度。在我国政治制度下，自上而下是绝对权威的，而自下而上的约束和监督作用较小。那么，利益集团为自己谋取利益受到的约束和限制就小，他们占有的资源越多，受到的约束越小。

公共选择学派的政府失灵论的意义在于指出国家的出发点并不是公共利益，政府的政策倾向性取决于官员之间以及利益集团之间的利益冲突与利益协调，政府的政策可能符合大部分选民的立场，也可能只代表少部分人的利益。更进一步的是，公共选择从否定公共利益的存在来指出政府不可能代表公共利益，这打破了官员无私，自动代表公共利益的政治学神话（杨龙，2000）。

四　我国政府在金融资源产权制度中的作用

有效率的产权是经济增长的基础，而国家的行为选择则是经济增长的关键。不同社会中会有不同的产权制度和体系，而不同的产权制度和体系在保障个人或集团实施权利和获取利益方面的有效程度是不同的。我国政府在建立和保护产权方面，具有绝对的权威和优势。但政府会采取何种行为选择，建立什么样的产权制度呢？这取决于政府面对内部约束和外部竞争，如人民的监督、党内监督、党内竞争者压力以及世界环境的影响等，可能采取的利益权衡。这种权衡取决于政府类型和政权特征，也受到意识形态的影响。政府希望统一人们对一些基本问题的认识，使他们的行为方式理性化，对制度的认同增强，以减少"搭便车"等行为。

对于我国这样一个发展中国家来说，金融资源是十分稀缺的，价值很高，边际收益递增，对政权的安全、社会的稳定和政府的权威都具有十分重要的作用。因此，政府确定排他性权利的经济动机和政治动机都是非常强烈的。从这个角度来说，政府就是产权权利的要求者和主张者之一，政府确立产权是相对主动的，是具有自身经济和政治利益动机的。

金融资源的价值比较大，产权确立后的预期收益比较高，但对金融资源具有权利要求的绝不仅仅是政府，还会存在私人的权利主张者和要求者。他们与政府之间事实上存在竞争关系。但由于政府拥有政治力量，其他的权利要求者确立产权权利并从中受益的权利被限制了，被排除在金融资源产权体系之外。从这个意义上说，我国政府对金融资源产权的确立是垄断的，并且通过制度安排来确保这种垄断。

我国政府是一个追求全民均等利益的政府，并以此为己任的。如果建立的产权制度是保护和鼓励个人的经济权利自由，那么就无法确保每个人的权利都是均等的，每个人从权利中获取的利益都是均等的，因此必然会出现个人之间分配不均等的现象。这与政府的目标是不相符合的。只有政府才能够成为全民的代表，由政府代表全民行使经济权利，才能确保全民的均等利益。

我国政府在权利体系中排除个人的意愿，按照政治程序决定资源的配置，通过层级制的委托代理链条来实施权力。国有制下的产权制度在金融体系中处于垄断地位，其他任何形式的产权安排对它都无法构成威胁和挑战，尽管目前我国的金融体系中并不只是单一的国有制产权。我国金融结构的演变和金融体系的发展可以被看做为金融资源国有制产权边界的扩展和产权内部的分割、重组和让渡，而这种产权的扩展、让渡和调整等等都是由政府来主导的。

我国政府的目标是多重的，不仅有实现社会产出最大化，效率最大化的目标，还有确保公平的责任，还肩负优先发展掌握国家经济命脉的行业和企业的使命。因此，政府在界定和保护初始产权结构时，不完全是追求税收增长，还要追求租金最大化，将金融资源的利润和超额利润都收为政府所有，再由政府来配置。如果要实现税收增长，就必须降低交易费用以使社会产出最大化，而现在政府是不以税收增加为目的，也就不会建立一套能使社会产出最大化而完全有效的产权制度，而是企图确立一套基本制度以保证政府租金的最大化，以便能够最大限度地确保将租金配置到最有利于经济发展的行业和国有企业中。在使国家（及其集团）租金最大化的所有权结构与降低交易费用和促进经济增长的有效体制之间存在着持久的冲突（诺思，1991，P124-25）。这种基本矛盾是使社会不能实现持续经济增长的根源。

根据我国政府的类型和特征，每一届政府都会有自己的目标，聚集和配置金融资源及其利润以实现自己的目标。政府不会改革产权，而是会利用这种产权制度实现自己的目标。因此，政府会保护这样的产权结构，尽管这种产权制度有时候是影响资源配置效率的。所以，金融资源产权结构和制度能够长期存在。

有效率的产权也许能够增加政府的收入，但问题在于政府是否具有推动产权制度向低成本、高效率方向转变的动力。这取决于两种力量的博弈和抗衡。一种力量是利益集团，另一种力量来自竞争者的压力、全民的监督以及世界外部力量的压力。哪种力量更强大，更能够威胁到政府的利益，则就会倾向于采纳哪种力量的意见。事实上，在我国政治选举制度、决策制度和监督制度下，内部利益集团的影响是政府决策的更主要的影响力量。改进产权制度，意味着对现有利益格局的调整，必然会受到既得利益集团的阻挠。因此，政府在受到来自竞争者、全民以及世界外部力量的压力强烈时，会对产权制度进行完善，而无法从根本上改进产权制度。我国政府目标和利益的多重性，增大了其完善产权的难度。

第二节　我国政府在金融资源产权界定中的利益偏好

在本书的研究中，采纳了公共选择理论对政府的两个基本假定：一是经济人的假定，政府实际上是由具有自己情感和利益的官员组成，他们都有追求自身利益最大化的动机。政府行为并非永远代表公共利益。二是有限理性假定，政府是由具有个人利益的官员组成，所以也会做出错误的决策。

"政府"这个概念是抽象的，它是由众多具有人格意义的官员组成并运作的。这些官员有自己不同偏好，都是追求自身利益最大化的经济人。各个等级的官员都有自己的利益，他们的利益与中央政府的利益有重合，也有区别。当两者不一致的时候，会有一些官员倾向于首先考虑自己的利益，这时中央政府的意志往往不能得到彻底的贯彻。

本书认为，在我国金融资源产权界定和制度制定中，政府官员是实际制定和实施产权制度的人。他们制定产权制度来实现中央政府的目标，增大政府从金融资源中获取的租金。但具体进行产权界定的官员是有偏好的个体，作为个体并不能直接从产权界定中获得自己的利益。因此，有一些官员在进行产权界定和制度制定时会舍弃低成本的、更有效的方式，而是采取另外一些方式来增强他们个体的利益。比如，以监管为理由增加管制和审批，就会人为地提高金融资源的稀缺性。再比如，对于一些本来可以清晰界定的权利和责任不给予事先的、明确的确定，人为地提升信息的不对称性，鼓励权利的代理人之间相互竞争，以增强这些人自己的权威，并从他们的竞争中获取政治资本和经济利益。总之，由于他们无法从制定产权中直接获取利益，因此缺乏动机以最小成本进行产权界定和实施，并建立租金收入最大化的产权。个人利益是一些官员决策的一个出发点。

这些人的利益包括政治利益和经济利益。政治利益包括确保政治前途、提升公信度、提高影响力，以及利用手中的资源和权利结交一些可能对自己有用的权势等。经济利益主要是指官员利用手中的权力和信息进行寻租所获取的利益。实际上，在利益函数中，也许经济利益只占了很小的一部分。在我国政治体系的生存环境中，官员的价值取向是政治生命，是权力和待遇，表现为行政级别，而不是经济利益，或者说经济利益不是最主要的。当经济利益有可能妨碍到其政治生命时，官员仍会以政治生命为首要的选择。因此，在这样一个生存游戏中，官员是以政治利益为优先的。尽管有一些官员也可能会图谋经济利益，但由于政治利益而会非常谨慎，真正贪图经济利益的官员并不构成官员的主体。

利益集团的利益除了理论上已经研究总结出来的之外，在我国还体现为一种"不承担责任"的利益，或称为"免责"利益，就是有一些官员在做出决策和制定制度时，决策本身及其可能的执行效率不是他们考虑的主要因素，他们更多地考虑这个决策及执行结果会给他们自己的政治生命带来什么样的影响。如果预期会带来负面影响，即使决策本身是十分英明的，他们也会提出否定意见。他们甚至会为了自己的利益，而提出不利于金融发展的意见。

他们会尽量减少个人的成本，避免错误，减少风险。减少成本和风险的方式是，故意把决策的程序复杂化，表面上是每个人都负责，但实际上谁都不负责。一旦错误发生，责任不是由特定的个人承担，而是由集体承担。实际上是谁都不用负责，决策失误的成本由社会来承担。

这样，他们就不必担心成本承担问题。他们从个人的利益出发，为追求政治资本、选票和政绩，运用手中制定产权的权力满足一些方面的要求，而不顾及资源配置效率。

这些官员追求私欲的结果就是，在政府的决策行为中体现了这些官员的"个人偏好"与社会偏好之间的博弈和平衡；充满了官员主动显示"个人偏好"与被动显示社会偏好的矛盾与冲突（张杰，1995）。

除了个体的政治利益和经济利益之外，有一些官员决策的另一个出发点是部门利益。官员的动机包括巩固和增强本部门的政治地位和权利，扩展部门规模，增强话语权。因此形成了一个个独立的利益集团。从根本上来看，是一些官员的私欲促使他们结成各种利益集团的。利益集团不仅仅是某些利益的代表，同时还是那些利益的"直接所有者"。在某些情况下，他们只有相互串通一气，才能最好地形成并最终实现其利益。利益集团会操纵决策，公共产品的生产决策被利己的利益集团所操纵。在我国，各种利益集团相互之间进行着利益竞争，主导着金融产权的界定和调整，政府的决策行为体现了他们的偏好和利益，政府的决策结果是他们利益博弈的结果。

利益集团不是固定的。人们之间的共同利益会在特定时间和特定事件下不同，会在一段时期内因不同的利益需求而结成不同的利益联盟，因此，存在很多个利益集团。他们之间进行着反复和多次的博弈，我国金融资源产权制度就体现了在博弈中占据主导地位的利益集团的利益和偏好。这种博弈不是均衡博弈，否则就不会有制度的调整和变迁了。

政府界定、保护和实施金融资源产权是一个租金耗散的过程。一些寻求私利的官员及他们形成的利益集团在产权制度制定和实施中体现的利益具有非生产性，他们可以无成本或低成本地从中获取私利，激励他们的非生产性行为，不利于将产权制度向低成本方向推进。

第三节 我国金融资源国有制产权界定的成本分析

政府不但拥有金融资源的排他性权利，而且掌握产权制度设计和实施的权力。政府设计、实施和维护产权制度都是需要动用资源的。因此，政府在产权界定中本身是有成本的。

政府在金融资源产权界定和实施中的耗费的成本，实际上是一个租金耗散的过程。有关这个问题张五常先生给出了论证。[①] 论证说明，在私人产权界定没有成本时，社会将会获得一个租金收入；如果产权界定不清晰，这个租金就会被耗散，这实际上是一个社会损失。这个租金收入等于产权界定和实施的最大成本，也就是说，具有产权界定动机的人能为产权界定支付的成本的上限。

张五常教授研究表明，如下图，如果私人产权能够无成本地界定和实施，就会产生一个租金 OUWV。如果产权得不到界定和保护，租金就会被耗散，OUWV = WXY。

这个成本到底会是多少，取决于新制度经济学的一个命题：依赖于制定和实施产权制度的人的动机，实际上也可以说是依赖于制定和实施产权制度的人。问题的关键就变成了，由谁来制定和实施产权制度，他们与产权权利的要求者或主张者是否是统一的，他们是否具有努力降低产权界定成本的动力，他们能否从降低界定成本

[①] 具体内容详见 Steven N. S. Cheung, "The Structure of a Contract and the Theory of a Nonexclusive Resource," Journal of Law and Economics 18 (April 1970): 49–70。

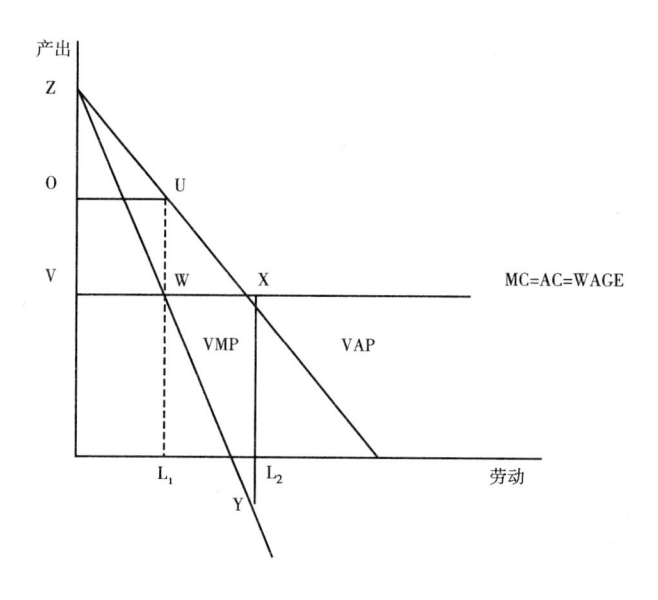

图 2-1　公共资源的租金耗散

中获得收益。如果他们是统一的,则产权界定和制度实施者就会有降低界定成本的动机,因为降低成本后会产生一个社会收益,制定和实施产权制度的人能够从中受益,能否分享这个收益决定了他们是否会选择低成本的制度安排。如果不是统一的,则产权界定和制度实施者就缺乏进行低成本的制度安排的动机,甚至有一种可能,就是这些人由于某些利益的驱使和刺激,不但不会选择低成本的制度安排,还有可能利用制度安排来促使租金全部耗散。

在竞争条件下,最好的机制就是拍卖。产权权利的要求者能够从产权界定和产权制度实施中获得收益,所以他们愿意支付成本来获得权利,只要这个成本不大于收益。对权利进行拍卖的机制可以迫使权利要求者将他们未来可能的收益支付出来,由于他们能够从即将实施的权力和制度中收益,所以他们要为之付出成本,并且这个支付是最大化支付。这个成本不是一种资源浪费,也不是一种无效率的结果,而是社会剩余,就是前面提到的租金。这个租金从权利要求者的手中转为社会剩余,权利要求者仍可以从中受益。但如果产权制度的制定者不是权利要求者,则他们不能直接从社会剩余中获益,因此缺乏采取有效的拍卖机制的动力,而会选择能给他们自己带来直接利益的机制。这个机制会导致社会剩余的流失,这就是租金的耗散。[1]

在我国国有制产权体系中,产权的界定和制度的实施者是政府,前面已经论证了他们实际上也是金融资源产权权利的要求者和主张者之一。但是,政府是由官员组成的,这些官员中的一些人由于自己的利益和偏好使他们组成了利益集团,在金融资源产权的界定中体现自己的利益和偏好,这样出现了利益要求的分裂。他们不是金融资源产权的要求者和主张者,他们不会从自己制定的有效的产权制度中直接受益。他们以低成本界定有效产权而产生的社会剩余或者租金,直接归政府或公共财政,与他们个人没有关系,因此他们缺乏动力以最小成本界定产权,并且确保这个制度是最有效的。于是,他们会采取更有利于自己的方式界定产权,直接或间接地从产权界定和制度制定的过程中获取利益,为此他们甚至会鼓励租金的耗散,通过要求国有制产权的代理人和私人的权利主张者做

---

[1] 具体内容详见:Terry L. Anderson and Peter J. Hill. (1981). "Establishing Property Rights in Energy: Efficient vs. Inefficient Processes." Cato Journal, Vol. 1, (No. 1, Spring).

一些无用的、额外的努力相互竞争以保全或争取自己的权利。所以说，我国国有金融产权界定和制度过程是一个租金耗散的过程。这个成本可能会是全部的租金耗散，甚至会侵害社会或政府的利益，具体成本的大小要取决于政府对这些官员行为的监督和惩罚的程度。

产权制度的设计、实施和改变都是有成本的，不仅在产权界定过程中，在产权实施和调整的持续过程中也存在无效机制导致租金的耗散。这个成本越高，则金融资源的产权权利的价值就越大。因为成本越大，说明动用了越多的资源，来建立和维护产权制度，这无形中也缩小了我国的生产可能性边界。

本章通过探讨我国金融资源产权制度的生成机制，试图解释为什么我国金融资源产权制度有较高的交易成本，却仍然持续存在。通过研究得出以下结论：

第一，政府是产权制度的制定者、实施者和主导者，政府的决策行为决定了金融资源产权制度。在我国，金融资源是十分稀缺的，对其确立产权后将会产生净收益，因此政府界定产权的动力十分强烈，希望通过产权的确立能够充分获取社会剩余，以更好地为人民的利益服务。

第二，政府对产权的界定是依据政治决策制度，有一些追求私利的官员及他们形成的利益集团对金融资源产权的界定产生了重要的影响，产权制度体现了他们的利益和偏好。他们依靠自己手中的权力，在产权界定时，更多地为自己谋取最大化利益，因此金融资源的产权界定过程是高成本的，产权制度本身也没有实现效率最大化。这些官员界定产权的成本大小取决于他们谋取私利的行为受到约束的程度。

第三,我国产权制度的界定和实施过程是一个租金耗散的过程,会形成一个社会成本,即产权制度形成过程中的成本。我国政治制度和政府类型对有效克服搭便车行为,有效监督和约束一些官员的机会主义行为,确保中央政府在讨价还价中的权威地位方面仍存在一定的局限,从而导致了无法有效地降低金融资源产权界定和实施的交易费用。

第三章　我国金融资源产权制度中的委托代理关系

委托代理方式是国有制的必然要求，是国有制中产权制度的具体组织形式和载体。在国有制中金融资源产权安排就表现为一个复杂的委托代理体系。所以，研究委托代理关系对于研究我国国有制中的金融资源产权制度具有十分重要的意义，也是研究金融资源国家所有制一项关键的研究内容。

国家是没有主体意识的，政府是初始代理人，也是事实上的初始委托人。政府通过将所有权权利进行委托，而且是层层委托，形成了层级制的委托代理结构。各个层次的委托人与代理人之间的权利关系就构成了产权。

产权是一种社会契约。在委托代理关系中，委托人和代理人之间形成的是一种契约关系，通过契约明确规定各方的权利，决定成本和报酬如何在参与者中间进行分配，参与者的行为也是依赖于权利规定的性质。因此，本章研究的主要内容是分析我国金融资源国有制下委托人和代理人之间的契约关系中所规定的产权的行为含义。

具体来看，本章主要运用代理理论来研究三个问题：第一，委托代理契约关系的制度特征；第二，这个契约关系中委托人和代理人守约的制度安排及行为效应；第三，激励和监督制度的安排及效应；第四，研究这个委托代理关系的代理成本问题。

本章的结论：第一，委托人和代理人之间的契约关系是由多个短期连接而成的长期关系，具有短期合同的特点。双方多次重复博弈，委托人向代理人委托的是多个任务，并且是同时向多个代理人委托的。第二，委托代理关系被纳入行政序列等级，以行政约束替代了所有权约束。受到这种制度的约束，委托人和代理人都没有退出的意愿，委托人的利益被一些政府官员的利益替代了，这些官员和代理人的未来收益贴现很高，代理人的不履约行为倾向高。第三，这种制度约束下，代理人更多地服务于一些政府官员的利益，而不是委托人政府的利益，严重弱化了激励机制。政府官员对代理人的监督积极性不高，对代理人行为的度量有限。第四，代理问题比较严重。委托人和代理人之间没有实现最优风险分担和激励，仍可以进行帕累托改进。风险更多地是由委托人政府承担，事实上最终承担人是国家，导致了社会损失，对现有的制度安排进行调整，应该能够增加金融资源配置的效率。

第一节 我国金融资源产权制度中委托代理关系的一般特征

一 委托人和代理人的特征

在我国，金融资源的所有权归国家拥有。但国家又没有主体意识，是一个抽象的概念，这里的委托—代理关系有一些特别，政府在事实上是初始委托人，又是初始代理人。国家所有制变成了政府所有制，政府成为金融资源的实际所有者。上一章的分析表明，政府的目标是多重的。此时，政府兼有了资产所有者、经济调控者和社会管理者的三重职能，政府在履行所有者职能时不但无法避免带有行政行为的色彩，而且还会利用政府自身的行政等级体系和官僚体系来履行所有者职能，界定权利，形成纵向隶属等级规则。政府所有制本身成为了委托代理关系设计的重要约束。

政府需要建立代理组织，选取代理人，通过他们实现政府的所有者权利。政府对代理组织和代理人是完全依赖的，代理组织具有内在性（刘世锦，1990）。政府将代理组织和代理人内部化，把自己建立的代理组织纳入行政等级体系中，建立等级制和行政化的规则，运用这个规则和官僚体系来行使金融资源的所有权以及获取相应收益。政府与代理组织、代理人之间的委托-代理关系变成了行政隶属和官僚等级之间的关系。

政府的委托代理链条有两个。一个是中央政府与地方政府之间的委托代理。他们之间代理的是所有者的权能，地方政府是中央政府的代理人，如此按照行政区域政府级别层层委托。但由于金融资源的特殊性，主要的委托代理关系集中在中央政府与省级地方政府之间，对省级政府以下的委托权限非常有限。另一个是从政府到金融机构内部人员的委托代理，这个链条上委托的不是所有者权能，而是产权。所有权的一个必不可少的特征是承担资源的价值后果，① 因此，无论是中央政府还是地方政府，政府是享有控制权和剩余索取权的，而代理人则是领取固定报酬的。这个非常类似所有者和经营者分离的企业组织。除了初始委托和最终代理之外，每个层次上的参与者既是委托人也是代理人，但他们作为委托人是不享受剩余索取权的，依然只能够获取固定报酬，这对他们的行为会产生深远的影响。

本书将一般意义上的"代理人"概念进行了细分，分为"代理人"和"代理组织"两个不同的概念。"代理人"是被任命在某一个位置上行使代理权限的自然人，其代理权限和代理权力是与其位置相联系在一起的。如果他不被任命，则其代理权限和权力自然就消失了；如果其任命的行政职位变了，其代理权限、内容和权力自然就变了。代理权限、内容和权力是与职位相匹配的，而不是与具体的人相联系的，它们是被授权给了某个职位，而不是给了某个人。代理人是纳入行政序列管理的，都具有行政级别的，是事实上的官员。

"代理组织"是代理委托人一些权利的法人，是被赋予行政级别的组织，是事实上的政府机构，或者是等同政府机构进行管理的组织。尽管在性质上是企业，但对其管理上仍按照政府机构行政方式管理，如内部人员都按照行政级别晋升和享受待遇，高级管理人员都是党管干部。

代理组织与代理人的利益是不一致的，代理组织现在已经基本

---

① Armen Alchian, "Corporate Management and Property Rights", Chapter 9 of *Economic Forces at Work*, Liberty Press (Indianapolis, 1978).

上被人格化了，代理人通过组织体系来表达自己的偏好和意愿，所以代理组织的目标基本上被代理人的偏好取代了。

而且，在我国金融资源国有制下的委托代理关系中，影响委托人分配代理权，处理代理关系，与委托人之间进行讨价还价的主要是代理人，而不是代理组织。所以，委托人更加注重代理人，而代理人是跟行政级别有关的。一旦将某个代理人确定在了一个行政级别上，在没有违法违规的情况下，这个级别相当于是终身制的。也就是通常所说的干部能上不能下的问题。那么，即使代理组织消失了，与一定级别相联系的代理人是不能消失的，因此代理人不会因为其所在的代理组织的关闭而失去代理权，委托人还会给他分配其他的权利，以保证其原有的利益。这在金融实践中是屡见不鲜的。很多金融机构出现巨额亏损，甚至因此而被委托人——政府关闭清算，但其高层管理人员仍享有原有的部级、副部级或厅局级待遇，并得到了另外的安置，如到另一个金融机构继续担任高级管理人员。所以，本章的分析层面放在初始委托人政府和代理人之间的关系上。

二 委托代理关系的特征

委托人与代理人之间形成的是一种长期契约关系。他们之间为了各自利益不断地重复博弈；委托人委托给代理人的是多项的，多维度的任务；委托人委托了多个代理人来代表其行使一些权利。理论上讲所谓长期就是这种契约限制了签约各方对未来可能的变化做出应对。伦德纳（Radner，1981）和罗宾斯泰英（Rubbinstein，

1979）使用重复博弈模型证明，如果委托人和代理人保持长期的关系，贴现因子足够大（双方有足够的信心），那么，帕累托一阶最优风险分担和激励是可以实现的。也就是说，在长期的关系中，其一，由于大数定理，外生不确定可以剔除，委托人可以相对准确地从观测到的变量中推断代理人的努力水平，代理人不可能用偷懒的办法提高自己的福利。其二，长期合同向代理人提供了"个人保险"（self-insurance），委托人可以免除代理人的风险。即使合同不具法律上的可执行性，出于声誉的考虑，合同双方都会各尽义务。长期的关系可以更有效的处理激励问题，最优长期合同与一系列的短期合同是不同的。

而我国金融资源委托－代理关系的显著特征是等级制和行政化，所有权约束就不再唯一地遵循资产增值与资产收益最大化目标，而是渗透进其他社会政治目标，使其带有鲜明的行政色彩，所有权约束具有了行政属性和政治特征（杨瑞龙，1996）。因此，委托人－代理人之间形成的契约关系的长期性被异化了，基本上没有了产权含义。也就说，这个契约结果对其中的参与者基本没有设置产权约束，而是以政治约束和官僚约束取而代之。具体来看，我国金融资源国有制中的委托人与代理人之间的契约关系具有如下特征：

第一，在这个契约结构中，缺乏交互的概念。也就是不存在平等的权利主体之间的交换关系，取而代之的是上下级之间的隶属关系，政府是契约的主导者。即使国家只拥有金融生产资料的所有权，而个人应该是拥有人力资本的所有权，但他们之间无法形成平等的关系。原因之一是，国家本身具有统治和暴力力量和权威，是无法抗衡的。原因之二是，个人虽然拥有人力资本的所有权，但他们是分散的，是个体。在我国，由于搭便车和机会主义行为和思想根深蒂固，所以在我国集体主义行动的成本太高，个人分散的力量只服从于国家。政治的统治力量成为主导力量，其衍生出的权利要高于所有权权利，所有权权利要服从并服务于政治权利，政治权利也会因为维护自己的权利而维护所有权权利。典型的例子就是，政府对金融机构的不计成本的挽救，无论是中央政府还是地方政府。

第二，在这个契约中，由等级规则来约束权利的配置和作为下级的代理人的行为。不是运用产权制度界定人与人之间的责、权和利的关系，而是以行政等级和官僚体系的游戏规则来约束人们的行为。这个契约结构对个人经济自由的权利是限制的。这个契约结构在为人们提供利用产权制度阻止别人侵害自己利益，更好地维护所有权带来的利益，减少别人对自己的所有权利的侵害方面，是十分薄弱的。经济活动中人与人之间权益的保护、损害和赔偿等问题是依赖官僚体系和行政等级制度安排和决定的。在官僚体系中，等级越高，则对国有权利的代理权越大，对自己代理的权利和相应的权益的保护程度越高，被别人侵害权益的可能性越小，受到赔偿的可能越大。相对于权利界定本身而言，对权利的保护和免受损害则是更有意义的。等级越高的人，阻止别人损害自己权益的能力也越强大。

第三，在这个契约中，任何权利或与权利有关的都被禁止交易。人们之间的成本－收益结构、权利分配结构等都无法通过人们之间自愿的交易行为得到变化和改善。要希望有所改变，只能通过改变代理人在官僚体系和行政等级中的位置来实现，这也就固化了等级体系对权利的界定。代理人不能转让其权利和义务，除非脱离代理组织体系。作为金融资源的所有者国家及其代理人政府同样也无法转让其剩余索取权，这实际上增大了政府维护其所有权权利的成本，这个问题将在下一节中重点研究。

第四，在这个契约中，委托人委托的内容并不完全是从金融资源国有权益出发的。上一章已经论证，政府是产权制度的缔造者，政府作为委托人具有自己的利益，而且政府还受到利益集团的影响，所以产权制度要体现政府和利益集团的利益和偏好。他们的利益与金融资源国有者的利益不是完全一致的。因此，对代理人行为的监督和衡量就是从委托人自身利益出发的，而不完全是从国有者利益出发的。代理人的行为可能会违背国有者利益，但符合政府利益，或者符合一些政府官员组成的利益集团的利益，则代理人就是合格的。这一点是这个契约关系与一般的委托代理契约不一致的地方。代理人对这一点是信息充分的。

从物质属性上讲，政府拥有金融资源完全的财产权利。从社会属性上讲，不存在可以与国家和政府对等的经济主体，也就是说，不存在可以与国家和政府平等的交换权利的主体。缺乏对损害国家所有者利益的行为规定相应的责任认定和成本支付制度。委托－代理契约中的参与者成本－收益配置和权利配置主要的决定因素是行政等级和官僚体系，其中产权没有得到详细的规定，也没有得到有利的保证，产权是十分薄弱的。薄弱的产权制度导致金融资源的所有权无法真正地发挥全部的权能，所有者应有的权利和权益无法得到有效的保障。

本来应该是双方协商达成的契约关系却被行政关系所取代。双方受到的约束是行政约束，而不是产权约束。那么，在这个长期关系中，委托人和代理人之间是否能够实现最优风险分担和激励？委托人是否能够有效地监督和激励代理人，最大可能地减少代理问题？他们是否会各尽其责，有效履约？以下两个章节将给予进一步分析。

第二节 委托人－代理人关系中的履约行为分析

张军在对国有企业的研究中曾指出，"履约问题"是国家在国有资产上的权利得不到有效尊重和保护的原因。那么，是什么导致了"履约问题"的存在呢？张军（1994）认为，国家与国有企业的隐合约中缺乏有效的监督或其他惩罚性对策选择，而国家又无法通过"退出"合约关系，比如允许企业破产倒闭、不给企业财政补贴和外部援助等，来作为维护国家财产权利的自由选择。如果通过以上方式终止了合约，则国家为此要承担退出成本。

那么，契约关系中有关委托人和代理人监督和遵守约定的制度安排是怎样的呢？制度约束对他们的履约行为产生了什么样的影响呢？

一 委托人和代理人均缺乏退出意愿

这里假定委托人和代理人都是风险中性的。在我国目前的金融资源国有制下,委托人是缺乏终止委托-代理关系的意愿的,或者说,委托人无法从退出这个关系中获取更高的收益。

原因之一是,如果委托人终止了这种关系,那么还需要寻找新的代理人,建立新的代理组织,构建新的代理关系,还需要对新代理人重新进行考察、培养等等,这将大大增加委托人的成本。

原因之二是,在这种委托代理关系中,产权制度不健全,为保障金融资源的国家所有权利而界定的产权十分薄弱,这意味着委托人承担他们行动产生的全部社会成本和经济利益的程度比较低。委托人不会因为退出合约,来惩罚代理人的违约行为而能够获得更大收益,也不会因为没有惩罚代理人而遭受更大损失。

原因之三是,委托人与代理人之间除了金融资源所有权的委托-代理关系外,还被赋予了政治约束和行政化色彩,被纳入官僚体系中。林德布洛姆在吸收了韦伯和默顿等人的思想后,对官僚体系的特征进行了概括,指出组织在某种程度上成为目的本身。官僚体系中的成员会经常发展对组织的忠诚,这种忠诚与他们对组织的特殊目标的责任相比更大。而且每个官员都在发展壮大自己的派系,不断深化和稳固自己的位置,所以高层不得不经常创造新的官僚机构来应对新情况,完成新任务。委托人除了具有所有者维护所有权的目标之外,还有其他的目标函数。面对这么忠诚的代理人,面对这么稳固的关系,委托人不太可能从这种关系中退出。而且,委托人与熟悉的代理人之间通过长期合作建立了默契关系，委托人也能够从这种默契的关系中获益。因此，作为委托人的政府并不是缺乏退出选择，而是缺乏退出的意愿。

而代理人同样愿意积极接受契约安排。代理人可能会通过投机行为以及讨价还价行为争取自己的最大化利益，但不会因为对契约的安排不满意选择退出。因为，契约结构为代理人提供的利益是唯一的和不可替代的，代理人可以通过契约获得金融资源的权利，也为自己的利益增加了砝码，只有在这个契约结构中才能获得，如果退出，没有其他的渠道可以获得同样的利益，除非他不希望得到这种利益。代理人退出比不退出的成本要高，所以代理人一般选择不退出。在层级制的委托代理链条中，层级越高的代理人越是缺乏退出的意愿，他们退出的成本相对于其他代理人要高，因为他们从代理特权中获取的收益相对较高。而且层级越高的代理人，维护自我权益的能力越强，被委托人解除代理权的可能性也越小，地位也越巩固。他们退出意愿的越小，退出成本越大。

二 不退出的行为含义

不退出意味着，委托人和代理人不会以退出合约关系的方式作为保护自身权利和利益的对策选择。委托人与代理人之间的交易契约就变成了一种特殊的"保险契约"（insurance contract），委托人以退出作为威胁或惩罚性策略在对方看来就是不可信的。这是一般意义上的，并不表明委托人政府从来都是不退出的。比如，在上世纪90年代的整顿时期，政府就关闭清算了诸如中国新技术创业投资公司等金融机构。

对代理组织而言，比如不给救助等，是不可信的（Schaffer，1989）。① 如政府对券商的救助，对信托的救助，对银行的救助等等，几乎成为一种惯例，一种挽救问题金融机构、拯救一个金融分支体系的唯一方式。对代理人而言，解除代理人的代理权，在行政级别中将代理人降级等等策略，对于代理人来说都是不可信的，比不救助金融机构更加不可信。这对他们来说最多是委托人的一种口头警告而已。这种威胁的不可信度随着行政级别的提高而提高。越是行政级别高的代理人，这种威胁的可信度越低。

代理人对于这一点是拥有完备信息的。代理人利用这个信息为自己获取利益，在这一点上代理人是强势的。代理人趋于利用委托人的这个"弱点"，与委托人进行讨价还价，或从"违约"或"欺骗"行为中获利。② 而且由于代理人在信息占有上比委托人更具优势，更加助长了代理人通过讨价还价等谋取自己利益最大化的行为。这里假定代理人是风险中性的。如果代理人是风险偏好的，那么，"违约"行为将成为普遍的现象。

委托人和代理人之间的关系确实是"保险"的。但这种长期的、多次的、"保险"的关系不但无法用"时间"来无成本地

---

① 可参阅 M. Schaffer, 1989, "The Credit-Commitment Problem in the Center-Enterprise Relationship", *Journal of Comparative Economics*, Sept. 13 (3), pp. 359–382。
② 张军：《社会主义的政府与企业：从"退出"角度的分析》，《经济研究》1994年第9期。

解决代理问题，反而有助于增加代理人和委托人的机会主义行为。

原因在于，这种长期关系实际上不是真正的长期关系，而是由每一个短期关系连接再形成的长期关系。因为委托人政府是存在更迭的，每一届政府都有自己的利益，他们按照各自的利益对代理人进行委托、监督和评价，因此，就具体的委托人和代理人来说，他们之间是一次的、短期的合同。"声誉效应"的作用很小。因为即使代理人非常努力工作，对委托人利益负责，得到这一届政府的认可，但不能保证同样能够得到下一届政府的认可。因为每一届政府的利益不同，委托和评价就不同。委托人和代理人短期行为倾向很强烈，未来收益贴现率非常高。

在这种"保险"契约下，是国家承担了全部（无限）责任（Kornai，1993）。[①] 注意这里是国家而不是政府来承担全部责任，政府有自己的目标和偏好，是有人格化利益，无法承担全部责任。由于没有清晰细化的产权制度界定责任、为损失定价，建立正常的赔付制度，代理人无需为国有权利负责，无需为自己的行为承担全部的责任和成本，也会把成本转嫁给他人。产权制度越不健全，他们为自己行为承担的成本越小。而国家是一个政治概念，没有实际的人格代表维护国家的利益，因此最终承担成本的是国家，也就是形成一个社会损失。委托人和代理人都从中获取了利益。这个契约关系没有实现有效的风险分担。

---

① 可参见 Kornai, 1993, J. Kornai, 1993, "The Evolution of Financial Discipline Under the Postsocialist System", KYKLOS, v. 46, pp. 315 – 336。

第三节 委托-代理关系中的激励和监督制度安排

在长期契约的设计中,委托人与代理人由于长期合作,相互比较熟悉,具有"声誉效应",委托人能够有效地监督和激励代理人。那么,在我国委托代理关系中,激励和监督制度是如何安排的,是否能够降低不履约的行为倾向,减少代理问题呢?

在我国金融资源委托-代理契约关系中,存在几个利益不统一体:

第一,所有者目标与政府目标之间存在偏差。国家作为金融资源的所有者,目标在于将资源配置在能够产生最大化收益的地方,实现资产的保值和增值,这个目标是单一和明确的。政府不仅是国有权利的代理人,更是社会管理者和经济调控者,肩负一些社会经济目标,这些目标是一个集合,是多元化的。政府的这些目标与其代理的所有者目标之间存在偏差,在特定环境和情况下,它们之间甚至存在矛盾。

第二,政府目标与政府成员目标之间存在偏差。政府是国家所有权的代理组织,但政府是由具有利益和偏好的官员组成和运作的。在上一章的分析中已经阐明,有一些官员的目标更多的是利己的政治和社会利益,比如个人可以获取的权力和掌握的资源、行政级别的升迁、社会声誉、组织内上下级的认可等。官员的这些目标显然与政府作为代理人的目标是不一样的。政府实际的运作结果往往体现了一些官员的意志和偏好。

第三，政府利益与代理组织、代理人利益之间存在偏差。本书认为，政府、代理组织和代理人都是有限理性的，他们之间存在利益的不统一是非常显然的。

第四，代理组织目标与代理人目标之间存在偏差。作为一个组织，代理组织有自己的目标函数，比如提高自己在代理体系中的地位、获取更多代理权利等。代理人也是有自己偏好和利益的，他们会考虑如何扩大和稳固自己的权限，而不是仅仅考虑如何扩大代理组织的权力等。两者在目标上肯定是存在偏差的。

这几个不统一体之间相互交叉，相互影响，相互作用。比如，政府与代理人之间的利益也是不一致的。在各自的利益驱动下，他们面对委托代理的制度约束，会选择和采取最有利于自己的行为。

一 激励制度

从理论上讲，委托代理关系不必然产生代理问题。代理问题的核心是动力问题，是因为委托人和代理人之间的目标函数不一致而产生的。代理人会利用委托人的授权从事有利于自己的活动，这个活动有可能会有损于委托人的利益。委托人由于信息不对称，从而无法预先和全面地对代理人行为进行监督、约束和奖惩。实际上，只要接受关系的双方都是效用最大化的理性人，就可以肯定代理人不会总是以委托人的利益为己任的。

委托人需要设计激励合约来解决代理问题，选择满足代理人参与约束和激励兼容的激励合同以最大化自己的期望效用。而获取代理人信息成为激励合约设计的关键，为此，有必要确立一个促使代理人公开信息的博弈规则。①委托人主要通过以下几个渠道了解代理人的信息：(1) 对利润指标的度量，即通过观察企业利润的多少来确定代理人所付出的努力及其能力；(2) 利用股票市场度量，即通过直接观察公司股票价格波动来度量代理人行为；(3) 直接的行为度量，即委托人直接观察代理人的行为（杨瑞龙）。

　　一个最优化的激励机制应该满足两个基本约束条件：第一，刺激一致性约束。在委托代理契约中，委托人提供的激励机制与代理的愿望是相符的，那么代理人则会从自身利益出发自愿地接受契约约定，完成委托人的委托。第二，参与约束。这个约束条件假设代理人是理性的，当契约给代理人带来的效用小于代理人的预期，或者是代理人拒绝契约反而更合算时，代理人就不会接受并参与到这个契约中来，从而保证了代理人参与机制设计博弈的利益动机（杨瑞龙）。

　　我国金融资源的委托-代理契约关系，是否有助于解决代理问题？

　　在这个契约中，用行政等级关系替代了市场交换关系。通过契约安排把代理组织纳入行政组织体系中，把代理人纳入官僚体系中，委托人、代理组织和代理人之间是一种上下级的隶属关系，从而确保委托人对代理人的直接监督和绝对控制。委托-代理体系与官僚体系在某种程度上是重合的，代理人的代理权限是与行政级别相匹配的，要想获得更大的代理权限，就需要获得更高的行政级

---

① 参见翁君奕《机制设计理论评述》，《经济学动态》1993年第7期。

别；只有在更高的行政级别上，才能掌握更多的代理权利和资源，为获得更高的行政级别加重了砝码，这两者是相辅相成，相互促进的。

这种契约关系使代理权限具有了不可替代性质的垄断利益，激励代理人对代理权利进行竞争和争夺。而代理权限是与行政级别和职务相联系的，所以激励代理人首先要在层级制度中竞争行政级别和职务。其次，代理人在层级关系中，要贯彻上一级代理人的要求。因为他们的利益主要是受到上一级代理人的制约，因此代理人的主要精力不是维护金融资源所有者权利，而是用来维护上一级代理人之间的关系上，要迎合上一级代理人的意图，采取有利于他们利益的行为，以巩固自己的代理位置，争取更大的代理权限。所以，从政府官员利益的角度看，这个委托代理契约提供的是一种激励一致性的机制；从委托人政府利益和国家利益来看，这个委托代理契约提供的是低能的不相容激励。

委托人授予代理人什么样的代理权、给多少权限、在什么情况下剥夺这个权限，都是由委托人决定的，代理人是被动接受的。委托-代理契约没有给予代理人谈判的权力，他们没有办法通过谈判博弈来改善自己在委托-代理关系中的地位。即使委托代理契约给代理人带来的效用要小于代理人的预期，代理人也不会拒绝参与到这个委托代理契约中。因为，代理获得的代理权利相当于享受到一种特权。代理人知道委托人无法精确考察、衡量和控制他们的投机行为，代理人对委托人的威胁不可信性和非追溯性的信息是掌握的。所以，代理人如果是理性的话，就会进入到这个契约中来，利用委托人的这种弱点，采取一些欺骗行为等，形成倒逼博弈和讨价还价。代理人通过这些方式倒逼委托人赋予更多的代理权限，或者是侵蚀委托人利益，以实现自己的预期。由于代理人对于委托代理契约的设计博弈本身是缺乏利益动机的，所以也就不会主动地通过自身的博弈行为推动委托代理契约向低成本方向转变，而是会利用契约关系谋取自己的利益。

二 监督制度

我国委托人和代理人关系是纳入行政序列的，是用行政管理原则来设置监督制度的。这种监督制度的主要特点如下：

第一，主要是依靠上级对下级的直接监督，缺乏第三方监督等其他的监督制度和措施。这种监督是软性的，非量化的，具有内部人监督的性质，这种监督很容易滋生合谋。目前对国有金融机构采取外部监督人格化的方式，就是从外部向机构派驻监事，对代理人进行监督。但是，由于这类监事没有实际制约手段，而使所谓的外部监督容易流于形式。而且现在，这类监事也都落户于其监督的机构，已经内部化为机构中的一员，所以事实上又变成了内部监督。

理论研究表明，在市场经济中，有一些利用竞争力量的制度设计来制约投机行为和限制代理问题的发生，比如资本市场和经理竞争市场等。这些措施能够有效地降低代理成本。市场或退出机制可以同时对委托人和代理人形成制约。由于存在竞争性的代理人市场，当前代理人面临着很大的竞争和被替代压力，如果代理人不履行合约规定的代理责任，就会被新的代理人所替代，这种潜在的被替代危险能够促使代理人认真履行代理职责。同时，代理人的退出机制，也会对委托人形成约束，如果代理人的利益不能得到保障，代理人可以通过"用脚投票"选择退出。而在我国金融资源委托代理关系中，缺少市场制度的约束和竞争，使代理人的机会主义行为因为不易受到惩罚而始终存在。

第二，对代理人行为的测量表面化和简单化。委托人选取了直接度量代理人行为的方式，直接度量的标准根据不同时期的需要而不同。而在国家垄断金融资源支持经济发展的大背景下，直接度量的标准就是代理人对于委托人交给任务的完成情况。而这种任务一般不是利润率等效率指标，而是简单的规模任务和配置任务，比如向一些地区发放了多少贷款、向特定的或政治需要的对象发放了多少贷款、股票市场的市值达到了多少、上市公司数量达到多少等等。这种指标的度量使得代理人只关注要考核监督的指标，而忽视其他方面，甚至有可能为了完成考核指标而损害效率和委托人利益，形成了代理人单纯追求规模和数量指标而忽视效益和效率的"大蛋糕"风险、道德风险和逆向选择。

第三，监督成本低。委托人选取的对代理人行为的测量指标容易实现，简便易行，无需支付过高的信息成本和监督成本。但对代理人行为的度量和监督是有限的。

第四，监督积极性不高。实际执行监督的是政府官员，如同界定产权一样，他们对代理人的监督，并不能直接增加他们的效用，因此监督的积极性不高。事实上，在非对称信息的情况下，委托人如果愿意支付更多成本，则可以了解更多代理人信息，但信息的获取是有成本的，于是，委托人面临着选择最优监督力度的问题。显然，政府官员并没有选择最优的监督力度，度量行为只出现在度量成本相对低的地方，①此时监督的边际收益要大于边际成本。

第五，缺乏促使信息公开化的制度。在这种契约关系中，对委托人和代理人的信息公开程度都是很低的，缺乏强制和促使他们公开信息的制度约束。在这个契约关系中，信息不对称存在交叉的双向性，即委托人的一些信息是代理人无法了解的，代理人的一些信息也是委托人无法了解的。

三 效应分析

代理问题就是泛指一切在委托人无法确切了解代理人行为的情况下代理人不受惩罚的机会主义行为。新制度经济学认为，经济主体的利己动机是普遍存在的。由于存在代理人的利己性和委托人与代理人之间的信息不对称性，委托人很难监督并有效地控制代理人行为，这必然导致代理人利用自己的信息优势，采取机会主义行为来达到自身效用最大化。鉴于现实信息不完备的普遍性，只要存在委托代理关系，就会有委托代理问题。因此，研究代理问题的目的不是消除这个不一致，而是尽量缩小不一致的程度，减少代理人做出不利于委托人利益的行为，降低代理成本。

在我国金融资源的委托-代理关系中，代理问题比较严重。作为委托人政府为此受到困扰，在代理关系上不断进行调整和权衡，

---

① 思拉恩·埃格特森：《经济行为与制度》，商务印书馆，2004。

最终的结果实际上是一种政治平衡的结果。但同时，委托人随着各方的压力，尤其是来自代理人的倒逼压力，又不得不给予代理人更多的权限，这样委托人就十分担心会导致契约的交易成本（包括订立成本、执行成本和解决争端的成本）不断上涨，也担心会逐步失去对代理人及委托-代理关系的控制权。我国金融资源的委托代理关系是一种内部代理，委托人于是选择了引诱竞争的方式来达到自己的目的，就是让代理人之间形成相互竞争的力量，来约束代理人的投机行为。

等级化和行政化的契约关系改变了委托人和代理人之间的行为模式，他们之间尽管也是在重复博弈中多次合作，但却无法用"时间"本身无成本地解决代理问题，反而增大了代理问题的程度。

我国目前的金融资源委托-代理关系是以政治约束替代了所有权约束，契约合约更多地运用行政制度及其潜规则，契约中订立的条款所涵盖的产权内容是比较少的，这个制度和规则中有很多是无法量化、衡量和明确表达的变量，比如对金融资源的关心程度、对于委托人的忠心等，对契约实际执行情况以及代理人行为不容易给予明确的认定；对契约约定之外的情况出现后委托人和代理人之间权利配置和行为边界没有规定；作为委托人的政府本身由于肩负的多重责任和目标，而无法完全按照所有权的要求完全履行自己的职责，维护所有权的权益；委托人具有不退出的弱点；代理人行为的成本、惩戒和赔付约束不足，成本-收益结构不对称等等。委托人缺乏积极性来更多地、更真实地度量代理人行为，以提高激励的相容性。代理人的自我约束动力不足，利用契约关系的制度设置取得了讨价还价的强势地位。代理人还利用产权制度的薄弱和信息不对称采取操纵行为，为自己谋取利。

第四节 代理成本

代理理论认为，委托人通过采取适当激励代理人、支付用来约束代理人行为的监督费用等办法尽量缩小两者之间的利益分歧，这是代理成本之一。詹森和马克林研究表明，对于委托人和代理人来说，都不得不为两者之间的决策一致和利益一致支付成本，不管是金钱的还是非金钱的。但要实现两者利益的完全吻合几乎是不可能的，代理人的行为与委托人的利益最大化要求之间总是存在偏差，委托人为此在客观上遭受与福利减少相等价的货币损失，这也是一种代理成本，被称为"剩余损失"（residual loss），这是代理成本之二。此外，即使不存在投机行为，委托人也存在执行契约的成本，这是代理成本之三。

在我国的金融资源委托代理契约关系中，订立契约的成本是比较少的。因为双方之间没有反复的协商过程，而是由政府主导决定的，所以只需要动用很少的资源就可以订立契约，形成委托－代理关系。但是，契约的执行成本和争端解决成本却很高，因为我国金融体系中缺乏相应的产权制度来降低这类代理成本。

在委托代理关系中，是行政制度替代产权制度，来解决争端的。行政制度没有对产权的权利与责任分担和赔付进行明确的规定，争端的解决缺乏规范性、连续性和可参照性。这个契约的争端是不通过第三方解决的，都是内部的自我解决。每一个争端都是作为个案处理的，并没有统一的处置原则和评价标准，也没有可以通过分类被划入某个类别的模式。在处置争端时，每一个程序都是重新开始的，一般是不会借用已有的。这实际上增加了契约执行中争端解决的成本。

在没有退出意愿的情况下，如何使契约双方能够达成自我约束的默契，实现自我履约呢？这个契约中的条件和安排，对于双方的刺激以致使契约能够部分地自我调节和履行的功能较弱，对于欺诈、投机行为的遏制和协作关系的鼓励比较薄弱。契约安排没有能够有效地约束代理人的投机行为和道德风险。如果委托人想确保代理人履行代理责任，就不得不不断投入大量的精力进行监督，所以说这个委托-代理契约的执行成本是很高的。

这种契约关系对降低代理成本的办法是十分有限的，而且降低的动力也不足。代理人对自己运用资源取得的剩余收益并没有全部的所有权，这刺激了代理人隐匿剩余收益，以额外收入的形式占有委托人资源。实际上就是侵害了委托人的利益，这也是"剩余损失"（residual loss）。我国金融资源的委托-代理契约关系中，对代理人行为的度量是浅显的。没有运用精确量化的指标体系，而更多地依靠软评价目标体系来度量，比如代理人是否努力和努力程度，比如代理人行为的真实目的到底是实现委托人利益最大化还是在实现自己的利益呢？这些都是很难度量的。此外，对于代理人行为产生的结果，很难精确地分离出来随机因素和代理人本身的因素，那么，就很难得出结论说明代理人的行为结果中什么因素起到了决定作用。

委托人需要运用更多的资源和花费更多的成本去监督代理人行为，但契约关系并没有一个制度和机制来衡量这个费用的预期效益，因此委托人可能会认为这个费用是不值得的，缺乏一个利益衡量和实现机制来有效地弥补这个费用，委托人可能并不能得到报偿。而在市场经济国家中，有股票市场来测定费用的财富效应，股票价格能够反映监督费用和经理们与股东之间的利益分歧，只要股东将持有的股票变现，获得的收益就能补偿他们用来监督经理们投机行为的成本，所以他们也愿意花费成本来监督。总之，在我国的这个契约关系中，委托人拥有的剩余索取权是没有标价的，委托人不知道为这个索取权所做出的努力是否是值得的，是否能够得到补偿，这个索取权是没有资本化的。所以，委托人加强对代理人的监督力度的动力不足，也就是降低代理成本的动力不足。那么，问题是这个成本和费用难道不是委托人承担吗？如果是他们承担，那为什么动力还不足呢？当代理成本为零时，金融资源配置产生的剩余收益是 V，当代理成本不为零时，剩余收益为 V″两者之间的差额应该就是代理成本。因此，代理成本的大小实际上就是是否侵蚀金融资源的剩余收益，这个剩余收益的最终索取者和拥有者是国家，委托人和代理人实际上都可以不承担这个成本，因此，双方都没有降低代理成本的意愿，除非这会侵害他们的利益。

我国金融资源国家所有权利是以委托－代理形式实现的，实际的委托人不是国家而是已经具有人格化利益的政府。政府建立代理组织，选择代理人，设计契约结构，这个契约设计的主要目的不完全是用来保护和实现金融资源的国家所有权利益的，还肩负了其他的职责。所以，这个契约关系无法完全有效地保护金融资源所有者利益。

金融资源委托－代理契约关系中，产权的含义很少，产权制度的约束十分微弱，行政约束和官僚体系成为契约关系的主要约束，委托人与代理人之间形成了上下级的隶属关系。委托人与代理人只有处于契约链条中，才被赋予权利和义务，这些是相对固定的，是不能转让和交易的，权利是和链条中的位置联系在一起的。位置越高，权利越多。不存在权利和义务的价值评估和交易体系。

委托人和代理人都具有各自的目标函数，委托人拥有最终剩余的索取权和支配权，利用这个契约结构获取租金，支配和转移金融剩余。具有私人利益的一些官员在其中利用了这种权利为自己谋取利益。代理人作为可能的实际决策者，对其行为的后果是不承担全部责任的。因此，会有一些政府官员和代理人之间进行合作博弈。代理人更多地会服务于一些对其利益能够产生影响的政府官员的利益，而不是委托人政府的利益，严重弱化了激励机制。一些政府官员对代理人的监督积极性不高，对代理人行为的度量较少。

委托人和代理人在这种契约安排下，都不具有退出契约的意愿。双方之间信息严重不对称，产生了威胁不可信导致的引诱竞争，以及以冒进为策略的倒逼行为，这是这个契约关系最具特色的博弈行为和激励特征。对代理人监督是在监督成本低的地方进行的，执行契约的成本很高，代理人具有进行投机活动的强烈动机，存在道德风险和逆向选择。

在我国金融资源的委托-代理关系中，委托人和代理人之间没有实现最优风险分担和激励，这个关系仍可以进行帕累托改进。风险更多地是由委托人政府承担，事实上最终承担的是国家，导致了社会损失。对现有的制度安排进行调整，应该能够增加金融资源配置的效率。

第四章　代理组织的选择

前面几个章节从宏观层面研究和论述了我国金融资源产权制度，下面两个章节将深入到微观层面，研究这种制度对我国金融体系组织形式选择的影响。

本书将契约形式作为研究金融组织和代理组织的出发点和基础。在制度经济学中，制度安排可以被理解为各方达成的合约或契约，契约是各个主体之间通过让渡各自权利的方式进行合作，分配权益、分担成本和风险而达成的协议。这是制度安排的本质。阿尔钦和登姆塞茨的文章《生产、信用费用与经济组织》中指出：组织就是由合同、协议和内部各个成员之间的默契构成的一系列关系的综合。在这里，本书将经济组织还原为由一系列契约组成的制度，将对经济组织的研究还原为对契约形式的研究。不同的组织实际上就是不同的契约形式，不同的契约形式对应不同的治理结构，具有不同的交易成本，综合呈现出不同的制度结构。

新制度经济学认为，由于经济社会充满了不确定性，所以需要依赖人们之间订立各种契约，对人们的行为给予明确的规定，度量行为、履约情况以及最终经济结果都随契约的不同选择而发生变化。① 各种契约形式的设计主要是为了减少欺诈和投机行为，促进协作。各种契约形式之间存在竞争，低交易成本的契约形式具有优势，会最终胜出。

张五常发展了科斯的有关企业和交易成本的理论。科斯认为市场的交易成本太高，导致企业的出现，市场和企业是相互替代的制度。张五常则认为在现实世界中，直接度量各个要素所有者活动的成本是非常高昂的，只能寻找替代方法来对他们的行为进行定价。这是一种间接定价，定价方式可以采取很多种形式。企业就是方式之一，但不是唯一的。因此，企业和市场之间的替代就可以还原为对不同合约形式的选择问题了。组织安排是契约安排的一种形式，而组织的选择必定是一种契约选择。企业组织和市场组织之间的关系就是一种类型的契约替代另一种类型的契约。在履约成本的限制条件下，成文和不成文的契约条款支配了生产和交易活动如何组织和经营。这里需要解释的是规定可观察的契约或制度安排。

我国金融体系中是以银行组织为主要的组织形式和代理体系的，这是我国金融资源产权制度下的必然结果。以下将主要研究：第一，在这种产权制度下，为什么选择银行而不是市场这种契约形式作为代理组织，为什么这是一个必然的选择；第二，比较在我国产权制度下，银行和市场两种契约形式的经济逻辑和性质，以及交易成本等；第三，这种产权制度和契约结构对银行的

---

① 思拉恩·埃格特森：《经济行为与制度》，商务印书馆，2004。

博弈行为及经济产出的影响;第四,因此而形成的成本-收益分配结构。

生产和交易活动通过契约组织起来,当契约或制度安排改变以后,生产和交易活动也要变化。因此,如果制度或契约安排被忽略,经济分析的预测力就会下降。因此,本章围绕银行契约的经济逻辑展开理论研究,交易成本和契约理论成为理解这种契约安排的关键。从契约和交换的角度,研究外部产权结构对金融组织形式及组织行为的影响。

第一节 我国金融契约形式选择的影响因素

我国金融资源的产权制度安排影响了我国金融契约形式的选择。在这种制度下,选择银行这种契约形式具有必然性,在特定经济发展阶段和制度环境下也是具有必要性的,尽管这种契约形式的交易成本会相对高。在这种产权制度下,市场不太可能成为金融结构的主流和主体。

由于稀缺而对金融资源代理权的竞争,在其他条件不变的情况下,低交易成本的契约形式将取代高交易成本的契约形式。但是,国家将只按照与国家管理者财富最大化目标相一致的程度去解释并规定有效率的产权制度。[1] 因此,这部分是将交易成本和国家理论相结合来解释和分析我国金融契约选择的影响因素,以及银行契约与市场契约之间的关系。

---

[1] 道格拉斯:《诺斯.制度、制度变迁与经济绩效》,上海三联书店,1994。

一 我国金融契约形式选择中政府的作用

诺思特别研究了国家在影响订立契约过程中各种成本的作用,他认为政府可以降低订立契约的成本。[①] 由于某些原因,会有一些人在不断寻求低交易成本的新契约形式,努力促成新契约形式替代旧契约形式,推动契约向低成本方向发展。这被一些学者视为一种创新,与技术创新一样,都能够扩展经济中的生产可能性边界。如果政府能够有助于推动低成本契约替代高成本契约,则有助于增大社会福利。

我国金融资源产权制度的特殊性,意味着在契约选择中存在几个前提条件:第一,除了国家之外,没有其他的金融资源所有者,人们之间没有办法通过平等协商和交易,利用专有的、属于自己的权利进行交易,将权利实现资本化。产权是经济主体之间相互之间认可的行为和利益权利。从这个意义上讲,我国金融资源缺乏真正意义上的产权和产权制度。第二,不存在竞争。在只有一个所有者的委托-代理链条中,大家实际上是应该具备同一利益价值取向的,为同一目标服务的,是同质的,他们之间是不应该存在相互竞争的。即使有竞争,也是同质竞争。第三,其中的参与人都没有退出和再次选择的权利。制度是重复博弈的结果,人们之间通过退出、再谈判、再签约、再退出等不断重复博弈,以实现均衡结果。但在我国金融体系中,是不存在这种权利的,包括国家在内。人们只能在已有的契约框架内博弈,这种博弈行为是不会改变契约性质

---

① 参阅诺思(1981), *Structure and Change in Economic History*. New York: W. W. Norton。

和形式的。第四，我国金融体系中没有真正的契约关系，有的只是行政等级关系。政府是主导力量，为金融体系参与人和金融活动提供契约框架，来确立和维持一种类似契约性质和形式的行为。政府在这个契约形式中具有绝对的强势地位和权威，主宰契约的选择和重新订立。政府既是契约形式的缔造者，又是契约中的主要参与者。

政府在选择契约形式时，主要从自身利益和成本角度出发的。正如前面章节所分析的，政府不完全是社会人，不仅仅具有社会利益偏好。在新古典经济学里，政府就是能够最大限度发挥社会职能的组织，从而没有把它作为一个经济变量纳入到分析框架中。但事实上，政府作为"经济人"是具有利己倾向的；作为只有"有限理性"的"经济人"，是会出现决策错误的。政府通过对不同契约形式的选择，也就是选择不同的制度安排和治理结构，具体对权利、收益和风险进行配置、管理和控制，行使金融资源所有者的权利，获取所有权带来的相应收益。由于政府是"经济人"，因此政府不可避免地会在行使所有者权利的同时，体现自身的偏好和意图。此时，政府不再仅仅是金融资源所有者的身份，同时也是公共管理者和宏观调控者。具有多种身份的政府的利益是多元化的，效用函数是复杂组合，在不同时期政府效用函数中的变量和变量权重都是不一样的。政府会从自身的效用函数出发，在选择契约形式时，最大化地实现自己的利益，维护自己的权威。这意味着政府并不一定确保将所有者利益作为第一位的，在不同的时期和不同阶段，政府会根据自身的效用，将公共管理者利益或者将宏观调控者的利益放在第一位，从而会侵占金融资源所有者的权益。政府对契约形式的选择和再选择，实际上是它在不同身份利益之间权衡的一个结果。

只要政府选择的契约形式给政府带来的成本不超过其产生的利益本身，或者成本不完全由政府来背负，则政府就会将初始契约形式坚持到底。因为政府要彻底改革这个契约，或者放弃这个契约形式而采用别的形式，会导致过高的成本，政府不会轻易地采取相应的行动，除非政府能够清晰地看到这么做所带来的收益要远远大于可能产生的成本。政府本身具有一定的"改革惰性"。

由上述分析可见，政府的利益取向是我国金融契约形式选择的主要约束条件。用交易成本来解释我国契约形式选择是缺乏前提条件的，政府并没有推动高成本契约向低成本契约转变的动力，也没有建立低交易成本契约的利益动机。而用政府的利益来解释金融资源契约形式的选择更具有说服力。

二 政府选择金融契约形式面临的约束条件

新制度经济学认为，产权之间的交易和转让要以契约形式完成，契约条件确定转让的是什么样的权利及转让的条件。张五常强调：聚合几位所有者的资源用于生产，涉及利用契约来部分或全部转让产权的问题。所规定的内容或条件构成契约的结构，它被设计用在两方面，一方面是规定参与者之间的收入分配，另一方面是规定资源使用的条件。在可转让权利的情况下，这些条件符合或被决定于市场上的竞争。选择契约取决于交易成本、自然（经济）风险、法律（政治）制度安排。①

我国政府在选择金融契约形式时面临两个最大的约束条件，一是政治风险的约束；二是产权制度的约束。

在我国经济发展初期，金融资源的稀缺程度非常之高，甚至可以把它理解为战略物资。而金融资源本身具有比较大的可塑性，也就是它可以迅速地被换成任何东西，使用者可以在一个比较宽泛的合法合规的尺度范围内，具有比较多的选择。这些特性导致人们愿意冒险去获取金融资源，这种行为的边际收益可能会高于边际成本。而这种行为对于政府构成了严重的威胁，因为这种行为削弱了政府对金融资源的支配和垄断，不仅威胁到政府的经济强权力量，而且由于政府不能完全调度和支配金融资源用于一些保障国家安全和社会稳定的地方，而威胁到政府的政治利益。换句话说，政府需要通过对金融资源的完全支配，保障国家安全和社会稳定。

所以政府宁愿支付更高的监督成本，也不愿意这类行为的发生。为此政府需要通过金融契约形式的选择来杜绝这类行为的发生。这种契约形式必须有利于建立和维护政府作为所有者对金融资源的权威性，提高金融资源被挪用和再配置的成本，实现政府一方独立控制的治理格局。这种契约形式必须使金融资源被指定用于某种用途，以及被谁使用的专有程度非常之高，以至于如果不是按照政府意图运用，以及如果不是政府委托或认可的组织和人员来运用

---

① 张五常（1970），"The Structure of a Contract and the Theory of a Nonexclusive Resource." Journal of Law and Economic 13（No.1. April）：49 – 70. 同样参阅同著者（1996b），"Transaction Costs, Risk Aversion, and the Choice of Contractual Arrangements." Journal of Law and Economic 12（No.1. April）：23 – 42。

的话，需要支付非常高昂的成本作为代价。这里的成本包括政府识别和侦察资源被滥用和挪用的成本，或者因代理问题，导致代理人严重偏离委托人利益而形成的代理成本。可以说，当时政府选择金融契约形式并不是以经济效率作为唯一目标的。

政府的成本和收益不仅包括经济成本和收益，还包括政治和社会的成本和收益。这些成本和收益的高低是相对而言的，对于政府而言，有一些成本即使再高政府也能容忍，而有一些成本即使再低政府也不能容忍。这些成本对于政府来说，不在于其有多少，而在于风险的大小。因此，政府的首要考虑是如何规避这些风险。

有经济学家认为，苏联在计划经济制度中，政府像管理一个单一的巨型企业一样全面地管理工业部门或部分地管理农业部门。[①] 我国国有制的金融资源产权制度决定了我国政府对金融体系的管理和对金融资源的配置，也是采取一个类似单一企业的形式展开的。政府的决策和命令通过层级制的委托－代理链条，依靠权威形成一个自上而下的信息流，组织金融活动和规范参与者之间的行为权利。在微观层面对契约形式的选择，也要与产权制度的特性相吻合。契约选择既受到金融资源产权制度的约束，又是产权制度的一种延伸，对产权制度起到了稳固和保障的作用。

三 政府选择金融契约的要求

基于以上两个约束条件，政府要将金融资源配置内部化，建立一个资源配置的"黑箱"。为此，政府选择的契约形式中就不能存

---

① 诺维 (1986), The Soviet Economic System, 3rd ed. London: Allen & Unwin.

在强度很高的激励机制。市场契约形式是存在高能激励的，由于不可能每一种状态和情况都会在事前设想和描述，就有必要对剩余控制权和收益权进行配置。也就说，市场交易的各方通过对剩余控制权和收益索取权的配置，将这些权利配置给对交易最有用的人，从而激励其进行有效的事前投资，增强他们合理设计事前谈判机制的激励，减少事后再谈判的成本。但我国政府需要保持对金融资产的控制，拥有全部的谈判力，从而不进行事前的权利机制设计，也就是不给予其他方与之谈判的权利和激励。契约也没有对剩余控制权进行分配，而是由政府拥有。这确保了在契约执行后，无论出现什么情况和状态，契约各方都不会自动进行最优修正博弈，以抑制事后的再谈判激励，而将事后的选择权掌握在政府手中。

这种契约形式的关键在于统一治理，政府能够掌握因契约不完备导致的事后博弈的主动权和控制权，甚至是事前博弈的主动权。政府拥有全部的剩余控制权，削弱了契约其他参与者事前和事后谈判的权力，以及交易权利的权力。激励十分弱化，取而代之的是依靠行政关系进行直接监督。契约形式固化了参与者各方之间的利益格局和再谈判的权利格局。政府进行强有力的行政控制，具有谈判的主动权。

这一系列的特征表明一个根本问题，就是这种契约形式决定的治理结构将是：由政府独自承担代理组织和代理人行为的全部风险，掌握全部的控制权，直接监督代理组织和代理人。代理组织和代理人在治理结构中处于被动和弱势地位，缺乏再谈判的权利，没有通过正常谈判渠道来改进自己事后讨价还价地位的能力。不能获得剩余价值，缺乏自我约束、自我管理的激励，代理组织和代理人的行为约束来自政府的直接监督和行政约束。法律通常是不介入这类契约内部事务的，契约内部完全是受到自我调节的。

第二节 我国金融契约形式的特点及成本分析

一 契约形式的特点

科层组织和官僚组织的契约形式是最符合上述政府对金融契约选择要求的。其中官僚组织被威廉姆森称为是一种极端状态，而另一个极端是市场。

科层组织和官僚组织这类契约没有书面的明确规定，实际上是一种隐性契约。契约各方是依靠政府的权威关系来明确自己的权利和责任的，是一种典型事后的协调性适应，而不是事前的自发性适应。也就说，在你没有进入契约和即将进入之时，对契约本身及自己在契约中的地位、权利和责任是不明确的，或者说，没有明确的契约条款告知。只有进入契约后，在政府建立的权威关系中才能够逐步明晰。这也意味着除了政府之外，其他人对契约本身是没有选择权和影响力的。政府对其他各方实施行政控制，政府具有一种很强的行政控制能力。只有政府拥有绝对的控制权。因此，这种契约形式中官僚主义成本很高，契约不完备程度也很高。

当契约是不完备的时候，行政权力成为权力的来源。政府对于任何情况都具有决策权以及剩余收益的索取权。这就决定了政府与契约其他方事后再谈判、进行讨价还价的能力对比,也影响了契约各方的行为。拥有剩余控制权的程度越高,则事前投资和事前权利机制设计的激励越强,因为这将会影响到他们事后获取剩余收益的多少。而在这种契约形式中,金融资源的实际使用者也就是代理组织和代理人,不享有剩余收益权,与事后利益的关系程度不足,因此缺乏参与和推动事前合理机制设计的利益动机,缺乏事前进行长期和有效投资的利益动机。

在我国金融契约选择方面,政府选择了科层组织和官僚组织契约形式,而放弃了市场这样一个契约形式。科层组织和官僚组织之间没有非常本质的区别,只是在一些主要方面存在程度上的不同。很显然,政府的这种选择并不是基于交易成本的考虑,科层组织和官僚组织契约形式主要是基于政治风险特征而形成的一种特有的契约安排。我国金融契约是通过纵向一体化方式,把经营活动内部化。

在我国的金融产权制度下,政府按照官僚组织这么一种契约形式来建立了代理组织,主体就是专业银行。银行实际上是一个行政序列中的一个部门。专业银行在建立初始并不是按照一个经营组织来设置的,不具有经营组织的性质,组织内的各种要素的连接不是交易性质的,而是行政性质的。政府以行政约束替代资本约束,以行政指令替代各个资源所有者之间的资源联合和组合,将各种要素纳入单边契约的框架内,进行统一治理。这是一个没有契约订立过程的准契约行为。

银行的这种契约性质最有利于政府进行直接监督,最能够进行直接控制。显然，在我国金融资源的产权制度下，银行这种契约形式成为首选和必然选择。在我国金融结构中，占主体的银行体系是一个交易成本很高的契约形式，却仍然持续存在，并且其在金融结构中的主体地位仍不断稳固和扩展。

但这种契约形式随着政府职能、制度环境、经济发展模式、市场体系等出现的新情况和变化，原来生存和发展的条件受到了削弱，也正在逐步失去原有的优势。

二 契约形式的成本分析

任何一种契约形式都对应一种治理结构，都会产生不同的交易成本。不同的契约形式的相对经济优势起源于交易成本。制度和契约形式不断进化的过程就是不断降低交易成本的过程。

低交易成本的契约比高交易成本的契约更具有优势和竞争力，因此，高成本契约最终会被低成本契约所取代。但现实中有很多高成本契约形式是存在的，而且能够持续存在。这其中的原因之一就是虽然契约有很高的成本，但契约能够约束和制约一些具有更高成本的行为，或者这种契约形式会导致某些交易成本比较高，但同时也会有效降低其他一些交易成本。原因之二就是存在利益集团的力量或政治力量阻碍产权制度的重新安排，阻碍低交易成本契约形式替代高成本契约。

这部分分析我国金融契约形式的交易成本。我国金融契约形式大大节约了缔约成本和事后再谈判成本，但产生了很高的其他成本，如监督成本（包括度量成本），以及激励不足引致委托人利益被偏离导致的高成本等等。政府作为契约形式的选择者和缔造者，对一些成本是能够容忍和承担的，但对一些成本是无法容忍，他们认为这些成本是十分重要和关键的，所以必须通过契约结构的设计来降低这些成本，即使这么做会导致更多的其他成本。

1. 事前缔约和事后再谈判的成本

由于有限理性和信息结构等导致交易成本的存在，因此现实中的契约是不完全的。我国金融契约形式就是不完全契约。上一章分析委托－代理关系时运用的委托－代理理论也可以称为"完全契约理论"，其重点研究的是完全契约，这种契约对当事人的权利、责任和风险等做出了详尽的规定，对各种可能发生的情况都做出了预期，没有留下任何的空白和余地。这种契约的研究重点是契约订立后的监督问题。而不完全契约则对未来一些有可能发生的情况无法做出预测，从而没有办法规定在这种情况下当事人的权利、责任和行为约束，因而留下了盲点。这种契约实际上规定了事后的利益格局，但没有限制事后再谈判，进行讨价还价的格局。因此，这种契约的研究重点就在于，对事前、当事人在契约订立之时，包括事后的再谈判中，形成各方权利力量对比格局的机制设计或制度安排。

我国金融契约是政府掌握主动权的单边契约，其他参与者没有谈判和再谈判的权利和激励，没有不参加和退出的选择，也没有竞争力量提供竞争性选择，契约各方不必就权利、利益和风险等进行协商，不必就未来可能遇到的情况及状态进行预测，不需要就一旦出现这些情况谁有控制权，谁有决策权等问题进行争论，也不需要就以一种各方都没有争议的语言来书写契约进行讨论。因此，我国金融契约大大降低了事前的缔约成本。

同时，从契约规定看，除了政府之外，其他参与者没有事后再谈判的权利和能力，限制了他们在未来进行再谈判的可能性，节省了再谈判过程。的确，这为政府节约了事后再谈判的成本以及可能谈判了但没有达成新协议的成本。但这不意味着在事实上就不存在事后的再谈判，这种契约结构只能剥夺其他参与者再谈判的权利，但无法遏制他们通过再谈判追求利益的冲动。

由于契约没有给予相应规定，他们的再谈判和博弈是缺乏制度约束的、是没有连续性和不可预期的一种行为。与制度框架内的再谈判比较，缺乏制度约束的再谈判更缺乏可预见性、可控性和规范性，具有"要挟"的意味，增大了交易行为的不确定性，这反而会导致更高的交易成本。这种不可预见的、不规范的再谈判行为会降低契约的效率，造成损失。这个损失甚至是没有边界约束的，因为缺乏制度约束。比如，我国金融体系中的"倒逼"机制本质上就是缺乏制度约束的再谈判行为，这种"倒逼"行为导致的效率损失是没有边界的。

2. 监督成本

我国的金融契约形式缺乏在事前对利益和权利的分配，包括事后再谈判权利分配的机制和制度的设计，缺乏自我管理和自我约束的激励，而主要偏重于进行事后监督。这个事后监督有几个特点：第一，由于契约形式具有官僚组织的特性，金融契约中的事后监督是一种直接监督，主要依靠上级对下级的直接考量，凭借上级的观察以及主观判断。这种主要依靠主观感受的度量方式，不可能准确地度量出下级的边际生产力。没有在金融契约中设置能够提供客观度量标准和手段的制度。第二，金融契约为事后监督提供的惩戒手段比较弱化，或者说惩戒手段是参与者能够预期的，可以接受的，而不会严厉到与其解除契约关系这种程度。比如，最常见到的是将犯了错误的官员从一个地方改派到其他地方继续从事以前的职责，或者从金融体系转到其他系统等。不够严厉的惩戒手段不足以威慑参与者。第三，这种层级制的契约结构中，监督的积极性是随着层级由高到低递减的。越是处于契约高层的，监督下级的积极性越高；越是处于契约低层的，监督下级的积极性越低。第四，这种金融契约中的监督是依靠权威关系实施的，具有一定的强制性质。

心理学家詹姆士（William James，1890）研究发现，人们在工作中一般只运用很少的潜力，而其他没有发挥的潜力如果在一定的制度设计下给予充分的激励，也可以激发出来大部分。人力资本是具有自己特点的，也就是人力资本的所有者与资本是不可分离的，人力资本是真正掌握在所有者手中的，知识、能力、努力程度和创造等都只有人力资本的所有者自己掌握和知道。

在有限理性和"经济人"的假设前提下，信息严重不对称，以及没有量化的评价标准，使监督首先需要大量收集和处理信息，为此需要支付较高的信息成本。在没有其他手段的情况下，上级很难有效而准确地衡量下级投入工作的努力程度、敬业程度、专业水准，以及这些要素对工作的实际贡献度等。要想度量个人工作实绩的成本是很高的，而且实现准确和完全地度量是很困难的。偷懒、欺诈等行为是不可避免的，为此需要采取事后监督的方法。而我国金融契约中这种直接的事后监督制度是与人力资本的特性不相符的，导致了监督成本很高。在没有完善契约结构、提供有效激励的前提下，要节约这个监督成本，就会使契约的参与者获得一些没有被界定的权利，增大了他们道德风险的行为，这又会增加道德风险导致的成本。

　　由于金融契约提供的激励不足，依靠自我管理的第一方监督是比较难的。这个契约是一个封闭契约，对契约拥有控制权的政府是将契约进行封闭运作的，不会委托一个独立于契约各方利益的外部力量来监督契约的执行，即所谓的"第三方监督"。那么，只有依靠上下级之间根据层级序列关系进行监督。上下级之间可以采取"合作"方式，也就是双方都知道"合作"对于他们而言要比"不合作"收益更大，是一种相对理性的选择。当然，双方也可以采取"不合作"方式。在我国金融契约中，契约各方在长期博弈中形成了一种"合作"的格局，就是下级努力工作到足以使上级从中获得的净收益超过上级更为严厉的监督所能得到的净收益就可以了，至于能否最大化节约监督成本不是上级关心的；上级也会承诺下级获得更多收益，如此反复，上级不会进行严厉的监督，下级也不会过分消极怠工，上下级都从中获得了收益。这种"合作"导致的效率损失是不会完全由合作双方来承担的，在金融契约的设计中，效率损失是由政府来承担的。这也是监督成本的一部分。

3. 执行成本

不完全契约是由于契约无法对未来一些不可预见的可能性和复杂的状态空间进行详尽的描述，导致在没有预见的状态出现后，契约双方就会面临着由于契约的不完全所带来的分歧，即双方会对在事先契约中没有相关行为和责任的约定而发生争议。因而，不完全契约理论所面临的核心问题就是，如何消除由于事先预见到契约的不完全性导致"无交易"而带来的资源配置的帕雷托无效率。解决办法就是通过控制权的配置提供激励。

我国金融契约采取的是科层形态的官僚组织形式，是最不完备的一种契约形式，这主要体现在两个方面：一是对各种情景下契约各方权利和风险的分配没有进行详尽约定，进入契约的参与者对于自己在各种状态下的行为约束和责任是依据上级权威的协调而逐步了解的，并不是通过契约的约定得知的，而且也不能自发地去就这个约定重新进行谈判。这实际上增大了契约的不完全性。二是不完全契约主要依靠激励来防范道德风险和机会主义，激励对于弥补不完全性具有重要意义。由于激励不足，可能降低事先投资的积极性，导致事前投资不足等问题，使得事先的投资达不到帕雷托最优的水平。而我国金融契约的一个主要特点就是激励不足，主要侧重事后监督。

如果假设双方在事前订立的是一个正式的格式契约，可以借助法庭等第三方强制执行，并且这种强制执行是公正的，则投资不足问题是可以避免的。但是对于不完全契约而言，由于第三方在事后并不能够获得比签约的双方更多的信息，这种强制执行就不一定可行。即便是可行的，权威机构就契约的具体内容需要进行鉴定和认证，也是需要花费较高成本的。这就是所谓不完全契约的"执行成本"。当契约的执行成本超过了投资增加所带来的收益时，这种强制执行就是不可行的。

我国金融契约由于缺乏正式和相对完备的格式契约的约定，激励严重不足，因此而造成的效率损失形成的成本是相对高的，这种成本也许要高于其本身带来的收益。此外，对这个契约进行强制执行基本不可行，契约的执行成本很高。本书认为这两种成本都可以被归类为金融契约的运行成本。

尽管存在很高的交易成本，甚至会比契约产生的收益要大，但我国目前的金融契约形式仍然继续存在。虽然金融改革在不断推进，但本书认为，金融改革对金融契约的本质产生的冲击并不大。

原因在于，我国金融契约可以限制某些有成本的行为，比如由于金融资源稀缺性而诱导人们采取恶性竞争的方式争夺。恶性竞争是一种非生产性行为，会导致效率损失，而目前的金融契约有助于限制这类行为。另外，还存在一些阻碍金融契约重新安排的政治约束。因为契约的重新安排会影响现行契约结构下的既得利益者的利益。我国金融契约的既得利益者就是体现政府人格意义的一些政府官员和代理人，他们已经形成特定的利益集团，影响政府决策，影响金融契约结构的变化，在契约形式和金融组织方面展开激烈的竞争。所以，改变契约（制度）安排的交易成本可能会更高，这种成本包括得到有关其他制度运行信息的成本，使用劝告或强制的力量改变特权集团的地位的成本。

第三节 我国银行契约和市场契约的比较和博弈行为分析

一 我国银行契约与市场契约的性质和成本比较

1. 两种契约形式的性质是一致的

在我国，政府选择特定的契约形式作为代理组织，行使金融资源使用和配置的代理权，试图通过契约结构的设计实现自己的收益最大化。政府选择了科层组织和官僚组织这类契约形式作为金融体系的主流形式，具体体现就是国有银行体系，将代理权授予了银行体系。

国有银行是一个科层制度，类似一个大的行政组织。它不是各个要素之间自由选择和协商的结果，参与人也没有不参加的选择权。每个人都被国家指定在一个特定的岗位上，由上级用看得见的手进行监督和指挥。人们的行为约束和利益不是由市场价格引导的，而是由层级关系的上下级之间进行直接监督和约束的制度来规定的。直接监督和约束的方式和规则不是市场化的，而是具有行政色彩的，上下级之间是行政关系，在这个层级制度中生存的人们潜移默化地产生了行政的特质。

在政府将市场契约也纳入产权边界内时，就出现了银行和市场为了争夺这个代理权进行的博弈，产生了较大的外部性。

作为一种制度的金融市场，不仅仅是金融交易的场所。传统经济学将金融市场看作资金供求双方从事货币买卖的场所，与研究其他市场一样，主要研究金融市场的价格决定因素。但实际上，市场也是一种制度，是"制度化、组织化的交换"，"这一组织市场由一系列制度规范和创造、应用这些规则的从事特定商品交易的人组成，目的是改善各自的效用。换句话说，组织市场是个人或有组织的团体之间关系契约的网络。这一关系可以是正式的，也可以是非正式的"。① 金融市场就是从事金融活动的当事人之间形成的各种契约组合。

市场契约与科层组织和官僚组织契约形式最根本的区别在于，前者是通过市场看不见的手在进行治理的，而不是统一治理，也不是双方治理和第三方治理。在市场契约中，交易的任何一方都无法独自掌握主动权，而抑制其他方的权利。通过控制权的分配，交易各方都具有一定的剩余收益分享权，从而激励他们进行自我管理，这是一种高效能激励。他们可以通过谈判和再谈判，以达到利益和风险分担的均衡状态。他们具备这样的激励动机，这样的激励动机又来自市场机制。金融市场中交易各方不需要依靠权威关系进行事后的协调性适应，不存在一方对另一方的行政控制。参与者都是通过正式的契约，以书面形式规定各自的权利和义务。

但是在我国，金融市场契约与国有银行契约在本质上一样的。我国政府拓展金融资源产权边界的方式就是，在原有产权制度环境和框架内，选择了市场契约形式作为新的代理组织，授予特定的代理权。市场契约与国有银行契约相比，制度环境约束一致，政府仍是新契约形式的控制者，政府的利益取向和偏好体现在市场契约结

---

① 周业安：《金融市场的制度与结构》，中国人民大学出版社，2005。

构中。我国的金融市场契约也是不完全契约，缺乏激励，侧重事后监督；契约参与者缺乏事前和事后谈判和再谈判的权利。市场契约中政府的行政控制发挥着重要作用，依靠政府的权威协调市场参与者的行为，官僚主义成本成为市场契约的一个主要成本，金融市场中的机构主体都是有行政级别的。市场契约也没有正式的契约在起作用，受到正式契约法律的调节和制约的程度比较少。所以说，在我国金融资源产权制度下，两种契约形式在本质上是一致的，只是程度上存在区别而已。银行契约是非常典型的科层组织，市场契约只是在层级上要比银行契约少。

政府将代理权在银行和市场之间进行分配，这是金融资源国家所有的产权制度内部的再分配。在两个契约中，政府都是将控制权掌握在自己手中。因此，从制度根源和本质特征上讲两者是一致的和相符的。

2. 两种契约形式的交易成本比较

根据诺思的分析，在抽象掉国家因素后，市场契约存在度量成本，但信息成本由于存在大量的买者和卖者而降低，机会主义行为因为无处不在的竞争而受到限制。人们通过在市场中签约而进行个人之间的权利交换，并使这些权利是排他的。这些权利不仅可以度量，而且可以行使。加入国家因素后，国家通过建立法律体系，降低交易成本。

科层组织替代市场，首先是因为团队生产会带来规模经济，但代价是高昂的度量成本。其次是因为能够减少机会主义行为，但同样要支付很高的监督成本。诺思这样总结：

定价市场需要有明确界定的和有效施行的产权。这要求商品或劳务的各个维度必须可以度量；此外，相应的权利必须是排他的，而且必须存在一个维护商品交换的实施机制。少数人的交易，机会主义的可能性，以及作为缺乏明确界定的产权和不能预知交易协议存续期间条件变化的结果的不确定性，都会导致为减少交易费用或生产费用而设计的备选的契约安排。

在完全竞争的条件下是如此的。但如果加入国家因素，国家将会以自己（包括相关利益集团）的利益最大化，建立非自愿的组织形式。

在我国金融体系中，市场契约实际上是银行契约的外延。政府通过限制市场的参与者、限制市场的交易品种、限制市场的交易规则等设置了市场的进入壁垒和竞争限制，所以通过普遍的竞争而降低信息成本、机会主义行为和监督成本的机制在我国金融契约中是十分不完备的。制度通过建立类似科层契约特点的市场契约，限制交易各方的选择。政府利用权威来协调市场活动，为此，市场契约仍需要支付监督成本和度量成本等等。在我国金融资源产权制度环境中，银行契约和市场契约的交易成本是没有明显的差异的，以交易成本不同而显现的比较优势在两者中不是十分突出。

二 银行契约成为金融体系主流的因素分析

运用交易成本的概念分析我国金融契约的选择和构建，是缺少前提条件的。在我国的金融资源产权制度下，不管什么形式的契约都缺乏一个重要的前提条件，这就是除了政府之外，其他参与者都没有明确界定的、可以实际交易和行使的对资源的权利。这决定了我国的金融契约都是政府构建的,不管什么形式,构建的思路和方式是基本一致的。对于政府而言,政府选择何种契约形式,关键是取决于政府自身利益最大化和利益集团的影响,而不是主要取决于交易成本。契约形式的交易成本的高低对于政府决策的影响不是最主要的。

本书认为,在政府确立初始契约形式的时候,最主要的影响因素和考虑因素就是政府自身利益最大化。比如,政府选择银行这样的科层契约,就是为了减少其他各方对金融资源的争夺、提高金融资源的专用性,科层形式的契约可以为政府提供权威的组织保障,以有利于政府实现利益最大化。在这之后,权利的垄断性质、政治约束和利益集团的作用,政府的权威力和决策成本等都会影响契约形式的变迁。实际上,这些因素也影响了政府的相对利益。

如果存在权利的自由竞争体系,那么很显然,低成本的契约将最终胜出。但我国是不存在完全的竞争体系,权利是被政府垄断的,符合政府利益和偏好的契约才能持续存在,尽管其交易成本很高。我国的银行契约与市场契约相比,依靠权威协调的惯性更大,所以更符合政府的需求。另外,由于银行契约存在的时间比较长,政府对该契约形式的掌握十分熟练,两者之间形成了默契和依赖,这也是银行契约的相对优势。

银行契约长期的存在,已经汇集和形成了一个利益集团,这个利益集团是从银行契约制度中获取利益的。他们会为了维护这种契约形式的主流地位积极地与政府进行博弈,向政府施加影响。而且银行契约存在的时间比较长，也经历了一个长时期的发展过程，耗费了相当多的成本，包括由于种种原因形成的大量的不断累积的不良资产，这都是银行契约执行中产生的成本。政府要对金融体系中作为主流的契约形式进行重新安排，不仅要对这部分成本支付一定的代价，而且还要对新的契约形式有一个逐步摸索、熟悉和磨合的过程，这也是要支付成本的。所以，政府的决策成本是很高的。除非这种制度的重新安排所获取的收益明显大于这些成本，否则，政府是很难对金融契约形式进行重新安排的。

虽然政府随着经济环境和制度环境的变化，在银行契约之外，也建立了市场契约，包括一些介于两者之间的混合形式，但仍将银行契约作为主流形式。政府实际上是在银行契约和市场契约之间进行选择性激励，就是对金融资源及其代理权进行政治性的配给，主要还是配给了银行契约。

三 两种契约形式的博弈

银行和市场形成的两种竞争力量都起源于产权在金融体系中的制度安排。金融资源产权是由特定政治程序选择出的已经人格化的政府来安排的。金融市场实质上是政府对金融资源产权边界的扩展，扩展的目的是通过多种方式聚集更多的资源支持经济增长。产权制度将金融资源使用的权利在银行和市场之间进行分配，这是金融资源国有制产权内部的再分配。从制度根源上讲金融市场与银行是一致的。因此，银行和市场之间的竞争和博弈是"兄弟博弈"。

银行和市场是同质的。比较金融理论的研究表明，银行和市场在风险分担、信息处理和竞争等方面各有优劣，但是在我国国有产权制度的安排下，银行和市场都被赋予了对同一种金融资源性质相同的权利，各自的优势特征都被制度安排抑制了，两者都存在共同的根本制度缺陷。但不一样的是，金融市场的权利是附属的，在最初的制度安排上是弱势的，市场是对银行制度的一种补充，因此，市场与银行无法抗衡是具有制度根源的。

在这种产权制度和激励机制下，银行和市场都在争取获得更多的金融资源的代理权。由于我国是发展中国家，将发展的重点放在了增长方面，因此银行和市场都在争夺增量方面的资源，而忽视存量问题。国有银行作为最主要的融资者和债权人，对债务人企业的公司治理机制几乎没有产生任何监督和影响，尤其是在企业破产后应该将控制权交由债权人银行，但我国银行是没有享受这个权利的。银行不存在对存量资源的制度需求的动机。金融市场充斥着大量的虚假信息，也被认为是可以容忍的，因为如果对这些虚假信息进行追究，则就可能会损害到市场对增量资源的争夺。

产权制度的安排帮助银行和市场形成了这样一个预期，就是争取越多的增量资源和权利，就能够争取到政府更多的承诺和支持，尤其是能够争取到政府对因激励不足而形成的成本（或代价）买单。因此，他们会不计成本地进行竞争。银行和市场通过对增量资源权利的争夺，为经济增长提供了金融资源。但争夺资源的同时，却形成了由严重的外部性导致的成本。也就是说，博弈是以牺牲资源配置效率为代价的，对社会福利是一个损失。而且，随着经济的增长，还会形成"沉淀成本"，即得不到消化的成本不断积累，不仅积聚了大量的金融风险，而且会越来越严重地侵蚀增量资源。在这个博弈格局中，政府、银行和市场都是受损者，尤其是政府，还要为效率损失买单，而受益者有可能是利用制度缺陷谋取私利的个体和他们形成的利益集团。可见，由于产权制度对外部性内部化的激励十分不足，造成银行和市场在争夺资源的同时，形成了大量的社会成本，对社会福利总量是一个损失，银行和市场的博弈是一种负和博弈。

制度本身是重复博弈的结果，制度导致了银行和市场之间的博弈，银行和市场之间的博弈行为反过来又会对产权制度产生影响。市场与银行相比，缺乏相对优势，但通过博弈行为，也在逐步建立自己的利益集团，逐步加强与政府的默契程度，以及对政府的影响力，减少政府了解和控制市场的成本。这样，市场能够不断地增大自己的话语权和影响力，以及对政府利益的影响力。因此，银行和市场之间的博弈也在逐步为金融资源产权制度的变化积累力量。

第五章　我国国有银行产权制度分析

前文考察了金融体系中的主要契约形式，研究了在我国金融资源产权制度中，金融组织契约产生和安排的逻辑。在金融体系中，银行业是非常重要的一种业务。而在我国银行中，国有银行又是其中非常重要的一类，研究国有银行具有一定的代表性和意义。

在我国，国有银行狭义上指由国家直接控股并为第一大股东的银行，包括国家开发银行、中国进出口银行、中国农业发展银行、中国工商银行、中国农业银行、中国银行、中国建设银行、交通银行共8家。本章以国有银行为代表，将科层组织和官僚组织具体化，从企业性质出发，研究企业组织形式的契约性质和产权结构。关键在于，把银行看作一个企业，从一个企业契约的角度分析银行作为代理组织存在的问题，并研究产权制度对银行资本结构和治理结构的影响。

第一节　我国国有银行的产权性质分析

一　企业的产权性质

企业实际上是一系列的契约组合，由资源所有者之间的交易形成，通过这个交易相互让渡一些权益，并以此得到报酬和收益。产权制度理论是现代企业理论构建的基础。所有权和产权是不一样的，将它们区分开来对于理解企业的产权性质是十分重要的。

本书认为，企业本身是没有所有制的，但企业是各种资源的结合，各种资源都是有所有权的，所有者不可能因为进入企业契约，就会放弃所有权。所以，企业是不可能明确其所有权的归属的。但企业是有产权性质的，在同样的资源所有制经济环境下，可以有不同产权制度的企业。比如，在资源私人所有制为主导的经济体系中，资源的所有权是私有的，但企业可以根据企业的规模和生产的特点采取不同的契约组合方式，如业主制、合伙制和股份制等，构建不同的产权制度，以有利于收益最大化。资源所有者拿自己对资源的所有权进行交易，结成契约，他们之间的权利、义务和收益报酬从而得到了明确，并且是相互之间认可的，契约中的权利还是可以让渡和交易的。资源所有者们通过一系列的合约和制度安排确保权利的行使和义务的履行，这些合约和制度安排构成了企业的产权基础和制度，也直接决定了企业的激励结果和经济产出效应。

一个完备的契约指的是这样一种契约，这种契约准确地描述了与交易有关的所有未来可能出现的状态（the states of the world），以及每种状况下契约各方的权力和责任。尽管有一系列的契约结构和制度安排来确定企业的组织形式、内部各方权利和收益分配等，但仍然存在这些契约无法预测和描述的未来状态以及在此状态下各方的责任和权利。所以，企业的契约是不完备的。当不确定性出现时，在不确定状态下的实际决策权就是剩余控制权（residual control right，简称控制权）（格罗斯曼和哈特 1986）;[①] 因此可能带来的风险和收益必须有人来承担，就是剩余索取权（residual claimancy）。契约可以规定所有企业成员都有控制权（即控制权分享制），但不可能规定没有人有控制权。[②] 企业剩余索取权和控制权的分配就是企业产权制度的安排，决定了企业的产权性质和主要特点。

剩余索取权是相对于合同收益权而言的，指的是对企业收入在扣除所有固定的合同支付（如原材料成本、固定工资、利息等）的余额（"利润"）的要求权（张维迎 2001）。拥有剩余索取权的人实际上也是企业的风险承担者，这也符合收益－风险相对称的原理。企业的契约将可以预见的交易状态都给予了明确，对于相应的收益和风险给予固定。在固定收入之外的收益是不确定的，是有风险的，但也可能是无穷大的。要想获得这个可能的无穷大的收益，就必须承担一无所获的风险。在早期的企业理论中，有的学者将剩余索取权作为理解某类经济组织的关键变量。后来的经济学家们，如

[①] 剩余控制权在科斯（1937）中被称为"权威"（authority）。
[②] 张维迎：《所有制、治理结构及委托－代理关系——兼评崔之元和周其仁的一些观点》，《经济研究》2001年第9期。

格罗斯曼和哈特（Grossman 和 Hart 1986），认为剩余控制权比剩余索取权更加明确，更能够说明企业的产权性质。而张维迎认为，企业的产权制度和性质本身是一个相对的概念。严格地讲，是一种"状态依存所有权"（state-contingent ownership）：就是什么状态下谁拥有剩余索取权和控制权。①

二　我国国有银行的产权性质

在我国的国有银行中，各个资源要素所有权的私人或者个体属性被抑制了，包括人力资本的所有权。而人力资本有其自身的特殊性，在下文将对此进行专门分析。这些要素的私人权属被压抑、削弱甚至消灭了，从法权意义上来说，所有进入国有银行的资源的所有权都归国家所有。那么，进入国有银行的人对银行中的资源都没有权利进行主张，他们都不是作为要素所有者进入银行组织内的，因此，他们之间就不可能通过交易合约实现联合，为组成银行签订一系列的契约。

国有银行的所有资源都是国有的，进入国有银行的资源的所有者都是唯一的。国家不可能与国有银行为让渡权益获取收益来订立条约，不可能订立契约来约定在可预测和描述的交易情景中，各方的权利、责任、风险和收益等。所以说，国有银行不是一系列自愿交易形成的契约组合。理论上讲，个人对财产（包括物质资本和人力资本）没有所有权，就不可能有真正意义上的企业。明确的财产

---

① 张维迎：《所有制、治理结构及委托－代理关系——兼评崔之元和周其仁的一些观点》，《经济研究》2001 年第 9 期。

所有权应该是企业存在的前提，从这个意义上讲，国有银行不是真正的企业。

在国有银行这种组织里，是不存在合同和契约来明确参与各方的权利和义务的。银行内部的每个人如何参与银行、在什么情况下应该做什么，如何得到相应的报酬和收入等，都不是当事人相互之间协商的结果，也没有通过合同和契约的形式给予明确说明，更谈不上对这些权利进行变现和交易了。从现代企业理论来看，这个合约是非常不完备的。而且，这里有一个非常特殊的情况在于，当事人本身没有对财产的任何权利，包括对属于自己的人力资源都没有权利，更没以财产权利为前提签订合约的权力。所以，国有银行中各要素组合的基础不是合约。

周其仁教授认为，产权本身包括了交易的权利，也就是选择市场合约的权利，因此，公有制企业的根本特征是非市场合约性。张曙光教授认为国有企业是计划"合约"，但本书认为，国有银行就不是合约的组合，不具有合约的性质。银行中的参与者个人在对财产（包括物质资本和人力资本）没有所有权的情况下，又如何能运用权利进行交换，获取收益呢？那么，国有银行中各要素组合的基础是什么呢？

国有银行是以社会主义国家的行政约束替代资本约束，以行政管理替代合约管理，以行政指令替代市场交易的。国家将一切资源都掌握在自己手中，消除一切可能会进行市场交易和合约订立的因素和条件。我国行政管理的特点是，个人服从于组织安排，个人是没有讨价还价的权利和砝码的，个人也没有退出和选择的机制和权利，一切都是上级的命令和安排，个人的权利和义务不是通过合约确定的，而是依附于行政等级序列的，也就是个人权利被级别化了。

在"金字塔"式的行政序列中，根据不同的级别界定政治权力，不同的政治权力对银行中的资源的话语权不同，级别越高话语权越大，下级的话语权是服从于上级的。在这里本书运用了"话语权"这个概念，而没有用对资源的支配权，因为本书认为，在我国国有银行组织内，行政竞争规则是主导力量，在这个规则中，级别给予人的不是资源的支配权，而是对资源运用能够产生影响的一种权利，比支配权对资源运用的影响要间接，但这个影响的边界要更模糊。这个话语权是一种潜规则，不是通过合约明确界定和清晰说明的。在这个话语权的语境内，人们似乎都有对资源的支配权，似乎又都没有。

这个话语权是无法转让的和交易的，是依附于级别的，而不是依附于个人的，个人离开了级别，也就没有了话语权。在行政规则中，这个话语权表面上看是不能为当事人带来直接的额外收益的，但实际上是能给当事人带来直接和间接收益的，包括级别的上升、权力的拓展和直接的经济效益。话语权给当事人带来了"租金"，话语权越大，租金收入越高。银行中的人对资源的话语权是与级别相关联的，而不是与其自身财产和劳动有关，这就会诱发银行中的参与者对级别展开竞争。在银行中的人本身是没有任何权力的，当他们被级别化后，才能够根据所处级别获得相应的权力。每个级别上的权力、责任和利益，如何维护这个权力等都不是明确规定的，而是存在于潜规则中。潜规则是非正式契约，是由社会习俗等形成的。只有在人们真正享有这个级别带来的权力后，才会逐步体会到相应的权利和责任。

市场是可以校正资源所有者之间在订立产权时可能出现的错误，其基本的校正机制是自由的、竞争的合约订立选择权。资源所有者拿自己对资源的所有权来订立合约，以获取自身最大化利益，并为此承担相应责任，在这种情况下，合约都是经受了阿尔其安（1950）所说的"生存检验"（survival test）。[①] 这种选择权和竞争权促使资源向利益最大化的方向流动，最终在市场中存在下来的合约应该都是交易成本相对小的合约。而在我国的国有银行中，各个要素的组合是一种行政组合，与相互之间协商达成的合约之间具有根本的区别。

首先，国有银行内部要素组合具有被强制性和单向性特点，国家在要素组合中具有绝对的、单向的权威，其他各要素，包括人这种具有主动特性的要素，也只能被动地接受行政组合，而没有进行谈判和讨价还价的权利。国家直接和间接掌握了全部的金融资源，因此，人们退出国有银行组织的成本是很高的。

其次，企业的合约条款是清晰的和有个性的。虽然具有不完备性，但是对可以预见的情况，都设定了相对的条款，这些条款是用来约束人们在不同情况下的行为，并确定固定收入的，因此，合约条款是千差万别的，是具有十分显著的个性的。但在行政组合中，

---

① Alchian, A., 1950, "Uncertainty, Evolution, and Economic Theory", *Journal of Policy Economy*.

并没有进行情境设定,对于要素的约束不是通过条款来清晰界定的,而是长年沉淀下来的习惯做法形成的非正式契约,是一种需要身在其中不断领悟和揣摩的潜规则。这种规则无论是对国有银行,还是对国有企业,都是一样的,只要是处于行政组合的范畴内,都具有大一统的特点。国有银行从银行的角度来看,具有一定的特殊性,其内部制度安排和规模等应该与其功能相匹配,但却被统一实施了行政约束。

再次,合约对订立的各方都具有很强的约束力,任何一方都要遵守合约规定,不能擅自违反合约,约束力是均等的。但在行政约束中,这种约束力是不对等的。对上级的约束力总是要小于对下级的约束力,国家作为金字塔的塔尖,是约束力的终极端,是受到约束最小的一方。

最后,合约是自由选择的结果,为此会设置完善的退出机制,为资源所有者的自由选择提供更灵活的方式和机会。而在我国国有银行这种行政组织中,是国家单方面将要素进行组合,国家本身是无需退出的,相当于是终身制的,因此,在制度安排中,对自由选择和退出是进行抑制的。作为一种行政组织和约束,各要素自由选择、流动和退出的权利都被削弱了,要素被相对地固化了。而对合约进行自由选择的权利恰恰是确保资源能够得到有效利用的保障,这也是产权制度的一个重要功能。

国有银行从资源所有制上讲是国有制的,其产权制度是什么呢?根据以上的论述,按照现代企业理论的标准来衡量,我国的国有银行不应该是真正的企业,因为它不是一系列契约的组合,不是个人交易产权的方式,那么,就谈不上真正意义上所谓"契约的不完备性",也就无从谈起为应对这个不确定性而产生的剩余索取权和控制权配置问题。从理论上讲,就不能够用剩余所有权和控制权来定义国有银行,不能运用现代企业理论来研究和分析我国国有银行的产权制度。

但是,下面想进行一个反推论,就是运用现代企业理论从企业的角度来研究国有银行这种组织中,如果没有是否存在替代制度等,剩余索取权和控制权是如何安排的,从而加强我们对国有银行产权制度缺陷的认识。这种认识对我们理解国有银行的性质,研究其交易成本和经济结果,回顾和评价改革成果,设计未来改革路径都是非常关键的。

三 国有银行内部产权制度的初始安排

剩余索取权拥有者是指在收益分配序列上的最后索取者(这意味着其是风险承担者);控制权主要表现为投票权,拥有投票权也就是拥有契约中没有说明的事情的决策权。如果拥有控制权的人没有剩余索取权加以约束,则其手中的控制权就将变为"廉价投票权"(指对结果不负责任的投票权或决策权)。因此,有效的治理结构必须使剩余索取权和控制权应尽可能对应,即保证代理人在获得了与控制权相对应的收益的同时,承担起由此所可能引起的损失。

在现代企业理论中,一般是依据对剩余收益索取权和控制权的不同契约安排来划分不同类别的企业性质。这两种权利的不同安排直接影响企业的激励结果和经济结果。具有剩余索取权的人需要承担企业行为的经济后果。如果企业决策者本身是剩余收益索取者，这种制度安排有利于实现企业收益最大化；如果企业的决策者和剩余索取者不是统一的，则决策者因为不必要承担决策行为的经济后果，而导致决策者利用决策权追求自身利益最大化，两者之间就会出现利益冲突，这种制度安排会引发代理问题等，从而会产生一系列的契约协议和制度安排来减少代理问题，降低交易成本，比如建立剩余索取权竞争市场，建立经理人竞争市场等。法玛和詹森（1985）认为，剩余索取权的本质决定了企业的投资行为和管理行为。[①]

国有银行是金融资源国家所有制的代理组织，国家是委托人。在一个委托-代理关系中，理想的状态是委托代理合同激励代理人主动地寻求低交易成本的契约形式。而在我国金融资源的委托-代理关系中，由政府确定制度安排，规定参与各方的游戏规则，其中有关国有银行的剩余收益索取权和控制权的安排遵循这样一个思路：在计划经济体制中，政府将国有银行全部设置为专业银行，分别担负计划经济体系中不同的建设和生产职能，职责明确，业务分工明晰。政府赋予这些银行以国家信用开展业务，对于他们的生存边界、业务品种、内部经营管理和人员管理等给予了明确的规定和严格的管制，并掌握了全部的控制权，包括对银行行长级管理者和人事部门负责人的任命等权力。

---

① 见法玛和詹森（1985） "Organizational Forms and Investment Decision." *Journal of Financial Economics* 14（No.1）：101–119。

由政府任命的银行管理人员是政府的代理人,这些人在银行内部领取固定报酬,包括行长们。政府委托他们完成自己的指令和计划,剩余索取权归作为委托人的政府拥有。政府进行严格的管制和直接的监督,政府的权威性很强,对剩余索取权和控制权的实际拥有、掌握和运用程度很高。银行中剩余索取权和控制权对应的一致性在这种制度的安排下是比较高的。

作为代理人的银行行长们被并入行政序列中,受到委托人政府的行政管理。银行内部也按照政府行政序列设置分支机构和套用行政级别管理,银行人员按照处长和局长等行政序列排队。这些银行都肩负政府要求的专业任务,比如建设银行是专业银行时,主要承担对基本产业建设、基础设施建设和支柱产业建设的贷款任务等,而工商银行是专业银行时主要是对工商企业在生产经营中的流动资金进行贷款。为了能够完成承担的任务,加强对各个地方的基本建设和地方企业的支持,银行在组织机构的设置上,采取了与政府行政组织基本对应的模式。在省、市、县等行政区域都建立自己分支机构,其行政级别从纵向上是依据银行在国家行政机构中的行政级别,在横向上是与所在地市级别进行匹配。比如,建设银行是副部级单位,其省分行行长就是正局级,地级市的分行行长是正处级。在设置初始,是将银行分支机构作为地方上的一个行政机构来看待的,所以他们的级别与地方所属的行政单位是对应的。银行对地方上分支机构的负责人采取的是垂直管理,即是银行内部任命的。各个分支机构都是在上级行的授权、转授权和再授权下开展业务,总行与分支机构之间形成的也是行政级别性质的上下级关系。

在这里，中央政府是初始委托人，他们对银行总行进行授权和委托；银行总行又对各分支机构进行委托，层层委托，又层层代理，形成一个委托－代理链条。同时，中央政府将金融资源的控制权又会部分地委托地方政府进行代理，地方政府也会层层委托，又形成了一个委托－代理链条。在这两个委托－代理链条中，存在多个委托人和代理人。这两个链条由于银行内部组织机构的设置而会出现重叠交叉。因为，银行在地方分支机构的负责人和从业人员，都是来自地方，与地方有着千丝万缕的网络联系。

从理论上来讲，多个代理人的存在会引发共谋问题。此外，由于这个委托－代理链条比较长，包括内部人控制等在内的代理问题也会比较突出。但在国有银行初始的产权制度安排中，作为代理人的银行行长们基本没有控制权和剩余索取权，政府将这两个权利高度统一起来。同时，在这种情况下，政府对作为代理人的银行行长们只有进行直接的监督，而在行政化的组织序列中，直接监督也是相对有效的。虽然国有银行初始产权制度在今天看来是十分初级和简单的，是有其存在的理由的；也许交易成本很高，但它却大大增加了国民经济产出，也在特定的条件下降低了政府组织生产的成本，这就是这种高成本产权制度能够存在的补偿性利益所在。此外，加上阻碍产权制度重新安排的政治约束，国有银行的产权制度能够在一个相当长的时期内持续存在。

第二节 国有银行改革的产权含义

在改革开放后，国有银行实行了一系列的改革，改革的核心是放权让利，政府不断地将金融资源的使用权和收益权分步骤地委托给代理人，赋予银行更多的经营管理权，增加更多的利润留成。这个改革思路实际上是围绕政府将银行作为独立组织所必需的内部管理权限回归银行、给多少、怎么给、什么时机给，以及在什么条件予以剥夺等线索展开的。国有银行改革历程经历了从专业化走到商业化，从商业化走向公司化的过程。目前，商业银行已经进入通过资本市场进行公司化改革，改革和完善内部公司治理结构的阶段了。自2003年以来，国有商业银行改革的战略蓝图已逐步开展。建设银行、中国银行和工商银行的上市、引资和股改挂牌，恰好依次构成了银行改革的三个阶梯。他们重组上市本身并不是为了进行融资，而是意在引入能够实现公司化的制度推动力。

国有银行公司化改革的要义显然在于建立银行的公司治理结构（corporate governance）。狭义的公司治理结构是指有关公司股东会、董事会的构成和功能，股东和董事的权利和义务，高级管理人员的产生、权利和责任等等有关企业内部控制和管理方面的制度安排。但从广义上讲，它也可以指有关公司控制权和剩余索取权分配的一整套法律、文化和制度性安排，这些安排决定公司的目标，谁在什么状态下实施控制，如何控制，风险和收益如何在不同企业成员之间分配等这样一些问题（Blair 1995）。[①] 公司治理结构是产权制度的具体化，是产权制度在不同企业组织形式中的具体表现形式。公司制是现代企业的一种典型组织形式，也是企业组织形式发展至今

---

① 张维迎：《所有制、治理结构及委托－代理关系——兼评崔之元和周其仁的一些观点》，《经济研究》2001年第9期。

最为复杂的一种形式。我国国有银行改革提出重组上市完善银行公司治理结构，把银行转变为公司制企业。

但问题是，银行的资本结构和公司治理结构是由金融资源产权制度决定的。在没有对金融资源产权制度进行改革的前提下，单纯地改革和完善内部治理结构是缺乏条件的。重组上市无法替代金融资源的产权制度改革，对于建立真正的公司治理结构的作用是有限的。

这当中最为复杂也最富有争议的是关于银行的控制权的重新安排问题。即使是在私有制经济体系中，公司企业中的控制权配置问题也是非常复杂的，以及与此有关的股东（外部人）如何监督和约束经理（内部人）、如何设计治理结构使代理成本最小化等问题都是人们一直在研究和关注的重点问题。实际上，根据控制权的不同配置，公司可以采取不同的治理结构。外部人如大股东、战略投资者、基金公司等都可以通过其在董事会中的代表行使他们对公司的控制权，尤其是在公司总经理的聘任和解除聘任的决策上。

一　改革对银行控制权配置的影响

公司治理结构具体由一系列的契约所规定，所有这些契约可以划分为两大类，一类是正式契约（formal contracts），一类是非正式契约（informal contracts）。非正式契约是指由文化、社会习惯等形成的行为规范（norms）。

在治理结构层次上，剩余索取权主要表现为在收益分配优先序列上"最后的索取者"，控制权主要表现为"投票权"（vote

right)。拥有投票权也就是拥有契约中没有说明的事情的决策权。典型的公司治理结构具有以下特征：股东是剩余索取者，拥有"每股一票"的投票权，通过投票选择"董事会"，再由后者选择经理；经理的收入一般由合同薪水加奖金、利润分成和股票期权组成（因而经理既是固定收入者，又是剩余收入索取者），经理拥有对企业日常运行的决策权；债权人获取合同收入（利息），一般没有投票权，但当企业处于破产时，就取得了对企业的控制；工人拿取固定工资，一般没有投票权。实际的治理结构当然要比这复杂得多。

在企业正常运行时，投票权归股东而不是其他企业参与人。因为股东是剩余索取者，他们承担着边际上的风险。从这个意义上讲，股东的利益最没有保障，因而最有积极性做出最好的决策。对比之下，其他参与人的收入是合同规定的，在边际上不受企业经营业绩的影响，因而缺乏这样的激励。当企业处于破产时，企业的控制权由股东转给债权人。因为此时，股东的收益已固定为零，在边际上已不承担风险，缺乏适当的激励，而债权人（和优先股股东）成为实际上的剩余索取者，要为新的决策承担风险，因而也最有积极性做出好的决策。经理在其中也总是享有剩余索取权。因为经理具有"自然控制权"，为了使他们对自己的行为负责，就得让他们承担一定的风险。由此看来，公司治理结构的逻辑是：控制权和剩余索取权（风险）的安排总是紧密相连的，要使二者达到最大可能的对应，以便拥有这些权利的人最有激励去维护企业价值。

从改革进程看，国有商业银行的重组上市应该是截至目前银行改革的最高阶段了。但就是这个举措，也依然没有触及产权制度的要害。政府对控制权和剩余索取权基本没有进行重新配置，依然是这两个权利的拥有者，尤其是对人事的任命权。政府只是将与金融资源所有权有关的使用权、收益权等更多地委托给国有银行和银行的行长们，但这些权利不是控制权。因为控制权是定义为在合同没有规定的情况下的排他性决策权，而那些与所有权相联系的权利都是在所有权的框架内给予了明确规定的。控制权是产权制度项下的，而资产使用权和收益权是所有权制度项下的。这种混淆也让人们误解了银行改革的产权含义，误认为是将控制权赋予了银行的经营者，但实际上政府仍然是在放权让利。

虽然上市的国有银行也已建立或正在建立股东会和董事会，但在股东、董事和银行管理人员三者之间的关系上没有实质性变化。主要股东是政府或者其代理人，董事是政府或其代理人的代表，银行管理人员也是代理人，这与银行上市前治理结构的性质是一样的，只是多了一个治理层次而已。真正具有投票权的还是政府。政府仍然行使金融资源所有者的权利，为银行的行为承担风险，并获取固定收入之外的剩余收益。银行的管理人员仍然只获得固定报酬。即使是国有银行在重组上市后引入了战略投资者，但这只是让他们分享了国有银行的部分剩余索取权，而并没有改变国家享有这个权利并掌握控制权的实质。

银行上市后，股东数目增加了，但股东数目的增加并不意味着单个股东对公司的实际控制权和影响力下降了，并不意味着政府的权力和影响力被分散了。在制度安排上，可以让小股东具有与大股东一样的控制权，也可以让一些股东基本不具有控制权。我国银行在引入战略投资者时，由于他们的股份占比比较小，以及在引入时与我国政府之间达成的特殊默契，使他们在控制权上的影响力很小。政府仍然对国有银行具有绝对的控制权。这种安排对国有银行的投资行为和决策行为没有发生根本性的影响。

二　改革对银行经理人管理方式的影响

在我国国有银行中，政府仍然掌握银行主要管理者的人事任命权。党管干部具有十分深远的意义。党对国有银行一定级别以上的人事都有最终的控制权和任命权，任命和剥夺他们的权力和位置的能力是十分权威和强大的，这就是"党管干部"的原则。党对国有银行经理人不仅有任命权，而且还对他们有培养、考察和监督的职能，甚至对他们的行为也进行一些协调和仲裁。

在党管干部的制度下，银行的经理人不是把自己作为市场上的经理人看待的，而是当做党组织的干部看待的，这会使他的行为模式和自我评价标准自然而然地行政化了。他们的权利、责任都是按照党管干部的原则确定的，对于他们的控制和监督仍是符合原有的银行契约结构性质的。

而且，银行经理人对其所在位置上的权力是没有处置权的，是不能出售和交换的，无法将它们资本化。如果可以资本化，那么党管干部的效应就不会像现在这么有效了。这对我国国有银行"内部人控制"问题起到了一定的限制作用。

无法资本化，意味着委托人对银行经理人的监督和激励仍然是行政性的，银行经理人仍然处于原有产权制度和契约结构的安排中。国有银行的改革对于银行内部控制制度安排没有实现根本性的触动，对银行组织契约性质的影响还没有完全显现。

三 改革对银行激励制度的影响

一个企业应该是由许多个独立的要素所有者组成的。所有这些要素所有者可以分为两大类，一类是提供人力资本的所有者，另一类是提供物质资本（非人力资本）的所有者（有些既提供人力资本又提供非人力资本）。不同资本的产权特征对理解最优的企业产权制度安排是非常关键和重要的。人力资本所具有的"人力资本与其所有者的不可分离性"的特征是整个现代企业理论的基本假设前提，甚至可以说是弗朗克·奈特（Frank Knight 1921）企业家理论的基本出发点。如果人力资本与其所有者是可以分离的，就不存在所谓的激励问题和代理问题，也不存在奈特所讲的"不确定性"（uncertainty），企业与"生产函数"就没有什么区别。在我国国有银行中，人力资本特性被疏忽和压抑了，从而导致了人力资本的扭曲，由此产生的激励问题显得尤其重要和特别。

人力资本具有其自身的特殊性，就是人力资本的所有权只能属于个人，属于作为其载体的个人，不可能分属于其他人或国家、社会团体等。即使是在奴隶制的社会中，奴隶在法律上是属于奴隶主的私人财产，奴隶主可以完全占有奴隶及其劳动成果。但奴隶劳动供给的程度却在奴隶自己手中掌握，劳动供给的多少取决于奴隶本人。虽然法律制度导致了奴隶产权的某些残缺，但奴隶的主动权实际上仍然属于奴隶本人，所以奴隶主也要采取各种措施来激励奴隶更大程度地提供劳动。巴泽尔说人力资本是"主动资产",人力资本的所有权是不可分割的,与其所有者之间是不可分离的,这是它与非人力资本的根本区别。

人力资本与其所有者的不可分离性意味着,即使奴隶主也不能无视奴隶的积极性问题(参阅周其仁 1996)。由于人力资本具有主动性,周其仁教授认为,在个人对其自身的权利得不到社会法权承认和保护的情况下,个人可以凭借掌握在自己手中的实际控制权来降低自身人力资源价值的有效发挥,以提高自身人力资源被使用的成本。这是现代经济学中激励理论的基础。人们对于激励性合约是可以做出积极回应的。所以激励,包括负激励,主要就是让个人对于自身人力资本的市场价值具有清楚的认识,以便决定提供多大程度的劳动努力,决定其人力资本投资的方向和强度。

国有银行面临的激励问题是十分突出和迫切的。由于历史的原因,在国有银行产权制度的安排中,一直没有将个人作为提供人力资本要素的所有者,依然将个人看做金融资源的附属品。在过去计划经济体制中,个人被剥夺了一切生产资料所有权,甚至是部分生活资料所有权,将个人的生存空间限制在其生存所需要的下限上。

金融改革至今,虽然对个人的自由选择权和生存权放开了,但对人力资本产权形式的现实存在及其重要性的认识依然不足。政府即使支付比较高的监督和管理成本,想尽可能地调度银行经理人及银行员工的劳动,但事实上,银行经理人和员工们还是在控制着自己劳动的供给程度。因此,要想建立有效的公司治理结构,提高激励,只有对个人人力资本的产权特性有了清楚的认识,才能真正从银行产权制度方面进行改革，通过制度安排来鼓励个人增加人力资本劳动的努力程度。

最早上市的建设银行，在上市后其经理人员向股东和监管部门提出，要在建设银行内部实行员工持股计划。这实际上就是让银行员工享有部分剩余索取权和相应的控制权，希望政府让渡部分权利。权利由政府让渡给银行经理人和内部员工，表面上看是完善激励机制的一种重要方式。但实际上，在金融资源产权制度没有得到改善的前提下，内部员工持股未必就能有利于实现国有银行价值最大化。

首先，银行内部员工如果享有了剩余收益索取权，那么是否能够真正承担起相应的风险呢？他们拿什么来承担风险呢？另外，受他们所处的层次，掌握的信息，知识和眼界等等的局限，他们能否真正行使好控制权呢？这些都是问题。

其次，从银行经理人来看，给他们剩余索取权是为了激励他们实现企业利益最大化。但银行经理人是任命制产生的，是由政府任命的，与银行的股东会和董事会没有太大的关系，银行经理人们该对谁负责呢？

企业由多个人力资本所有者组成，而企业作为一组契约的组合不可能完备时，要让每个人选择帕累托最优努力水平是不可能的，企业产权制度安排必须在不同成员的积极性之间做出取舍。因此，只有对企业当中对企业价值最有影响力的成员提供相应激励，才是最有效的。在我国国有银行中，这种成员当然是银行经理人了。阿尔钦、德姆塞茨（1972）认为，应该将剩余索取权激励企业管理者，因为监督他们的信息成本太高了。奈特（Knight，1921）认为，要将利润激励企业家，因为企业家面对的是不确定性。他们必须对不确定性做出反应，因此他们的行为对企业是至关重要的，也是相对最难以监督的。

而我国银行经理人，本来是受到党管干部这种行政性质的制度激励和监督的。在没有废除这种制度之前，再给予配置剩余索取权这种所有权属性的制度激励，是存在矛盾的。如果两种激励制度并存，那么银行经理人是为政府的利益服务呢？还是为国家所有者利益服务？

最后，让员工持股从产权含义上讲，是缺乏前提条件和基础的。我国金融资源是国家所有的，由此产生的收益归国家所有。国家应该将这部分收益平均配置给每个人，或者是用于能够让每个人都受益的地方。但现在，如果让员工持股，就是把部分收益给了国有银行的员工，这实际上是对其他人应该享受的这部分权益的侵占。

第三节　国有银行产权性质对银行管理者行为的影响

银行产权制度影响了银行经理人的决策行为。考察产权制度的行为效应是十分重要的，因为它对最终产出的影响十分重要。那么，在我国国有产权制度下，到底是谁真正掌握了银行实际的控制权和剩余收益索取权呢？在我国银行中，内部人控制问题严重吗？内部人控制问题对银行的投资行为和管理行为有什么影响呢？

一 模型分析框架

1. 行为假设

通过建立模型探讨我国金融资源产权制度对国有银行经理人激励的影响,特别是信息不对称条件下产权制度安排对其行为的影响,从而解释了国有银行经理人普遍存在的摄取利益和短期行为的制度原因。本部分将视角放在关注金融资源的产权安排对契约签订后机会主义行为的克服问题,论证这种产权制度安排对银行经理人行为的影响。

这里关键是对产权制度的刻画,对产权制度以及经济人的特征及信息结构给予总结:

1) 关于经济人的行动是信息不对称(称之为隐蔽的行动,hidden action);

2) 经济人是风险中性;

3) 契约或机制是在经济人了解信息之前制定(ex ante);

4) 允许共谋(collusion);

5) 不允许重新谈判(renegotiation);

6) 从经济活动中所得结果的价值是共同价值;

7) 政治权利约束替代所有权约束,行政等级关系替代委托代理关系。

在金融领域中,假设政府的目标是金融资源租金收入最大化以及这一届政府在任期的利益最大化,而银行经理人的目标是自身利益最大化。尽管银行内部的治理结构会对经理人的目标产生影响,但在这里假定经理人的目标替代了银行目标。

银行经理人可选行动包括摄取利益,短期行为以及经营努力,其收益也主要来自这三个方面。为了简化分析,假设其影响形式为 $R(e, d, x)$,其中 e 代表摄取行为,d 代表短期行为,x 代表经营努力。短期行为实际上就是将未来的利益进行贴现,短期行为的程度越高,则贴现率越高。

同时,银行经理人的行为也是有约束的,有成本的,这个成本主要是来自于政治竞争能力以及经营努力。实际上银行经理人与政府的讨价还价的能力、行政序列中的职位和地位等与政治竞争能力是有直接关系的,因此,在模型中把这几个因素集中在政治竞争能力上。政治竞争能力越大,银行经理人行为的成本越低。越是努力经营,成本越高。假设成本函数为 $C(p, x)$。其中,p 代表政治竞争能力,x 代表经营努力。

由于摄取行为和短期行为,导致的一种效应就是金融资源本身的不合理利用而造成的资源贬值或者浪费 $B(e, d)$,另一种是导致的外部性损失 $A(e, d)$。在我国金融资源产权制度下,给金融资源有效利用带来的损害以及负的外部性不会成为经理人考虑的影响因素。

金融资源由国家拥有,政府拥有银行的剩余收益,银行经理人是不享有剩余收益权的。政府对银行经理人摄取利益的行为是有容忍限度的,假设限度为 $\bar{E}$。政府一旦发现经理人的行为超出了其能够容忍的限度,就会对其进行惩戒,惩戒策略函数为 $t(e-\bar{E})$。简单而言,超过限度越大,则惩罚越重,所以 $t(e-E)$ 为摄取行为的增函数。由于政府与银行经理人之间存在信息不对称，前者对于后者的摄取行为和短期行为等无法直接观测、度量和监督，其发现后者并惩罚这种行为的可能性 $P(e>\bar{E},p)$。随着经理人的政治竞争能力的提高，信息不对称程度越大，其自我保护的能力越大，与政府官员进行合谋的可能性越大，因此，被发现并被惩罚的可能性越小。

我们对函数的单调性和凸凹性进行假设。银行经理人的收益函数为 $R(e,d,x)$，该函数分别是摄取行为、短期行为的递增函数和凹函数，$R_e'(e,d,x)<0$，$R_d'(e,d,x)>0$，$R_e''(e,d,x)<0$，$R_d''(e,d,x)<0$。这表明银行经理人摄取行为和短期行为的增长，其收益也在增加；但随着行为的增长，收益增长的速度越来越慢。

另外，$R_x'(e,d,x)=\bar{X}$，表明银行经理人的利益是被政府明确规定了，无论其是否努力，或者在多大程度上努力，对其收益都不会有明显的改善，其利益是与其职位相连的，不是与其经营努力相连的。

成本函数是政治竞争能力的递减函数和凸函数，$C_p'(p,x)<0$，$C_p''(p,x)>0$。表明随着政治竞争能力的增强，经理人行为的成本会降低。并且，从趋势上看，政治竞争能力增强的速度低于成本降低的速度。成本函数是经营努力的递增函数，$C_x'(p,x)>0$，表明越是努力经营，成本越高。

由于经理人的摄取行为和短期行为导致的金融资源本身的效率损失和外部性函数是这两个行为的递增函数和凸函数，表明随着这两种行为的加剧，资源损失和外部性呈现边际递增，这两种行为导致的损失增长要快于行为本身。$A_e'(e, d) > 0$，$A_d'(e, d) > 0$，$A_e''(e, d) > 0$，$A_d''(e, d) > 0$。$B_e'(e, d) > 0$，$B_d'(e, d) > 0$，$B_e''(e, d) > 0$，$B_d''(e, d) > 0$。

惩罚策略函数是递增函数，$t_e'(e - \bar{e}) > 0$。表明摄取行为越是猖狂，被发现后受到的惩罚越大。这种行为被发现的可能性则是摄取行为的递增函数，是政治竞争能力的递减函数，$P_e'(e > \bar{E}, p) > 0$，$P_p'(e > \bar{E}, p) < 0$。表明摄取行为越是猖獗，被察觉的可能性越大；政治竞争能力越强，则被察觉的可能性越小。

2. 不同制度安排的结果比较

（1）社会最优

如果金融资源由一个民众利益和社会利益的代表拥有并经营，那么，在经营时，这个代表就不仅仅会考虑自身的利益，还会考虑其行为导致的社会效应和社会成本。因此，其决策行为可以利用下面的模型来表述：

$$\max R(e, d, x) - C(p, x) - B(e, d) - A(e, d) \quad (1.1)$$
$$R_e'(e, d, x) - B_e'(e, d) - A_e'(e, d) = 0 \quad (1.2)$$
$$R_d'(e, d, x) - B_d'(e, d) - A_d'(e, d) = 0 \quad (1.3)$$
$$R_x'(e, d, x) - C_x'(p, x) = 0 \quad (1.4)$$

此时，$R_x'(e, d, x)$ 就不是一个恒定的数了，而应该是 $R_x'(e, d, x) > 0$，越是努力经营，则收益越大。那么，最优行动 e^*，d^*，x^* 满足一阶必要条件（1.2），（1.3）和（1.4）。此时，这个代表的摄取行为和短期行为就会受到金融资源使用效率和外部性导致的社会成本的约束。同时，其会不断努力经营，一直到努力的边际收益与边际成本相等。在这种制度安排下，通过努力经营，就能够获取相应的收益，摄取行为和短期行为的成本比较高，因此，社会利益的代表会更多地选择努力经营。

（2）非信息对称下国家所有并监督银行经理人

现实的假设是金融资源为政府拥有，政府委托给银行经理人进行经营，并对其进行监督。政府与银行经理人之间是存在信息不对称情况的。在这里，我们分析这种产权制度安排对银行经理人激励的影响，我们利用模型（2.1）来刻画这一制度下经理人的收益函数，其中 $t(e-E)P(e>\bar{E},p)$ 为摄取行为被发现后的期望惩罚。

$$\max R(e,d,x) - C(p,x) - t(e-E)P(e>\bar{E},p) \quad (2.1)$$

$$R_e'(e,d,x) - t_e'(e-\bar{e})P_e'(e>\bar{e},p) = 0 \quad (2.2)$$

$$R_d'(e,d,x) \to 0 \quad (2.3)$$

$$R_x'(e,d,x) - C_x'(p,x) = 0 \quad (2.4)$$

尽管是信息不对称，政府的监管手段不科学，监管力度也比较小，但仍存在监管，并存在惩罚的可能性，因此银行经理人的摄取行为还是有约束的，受到了期望惩罚的约束。

由于监督和惩罚制度及成本承担制度不合理，银行经理人不必为自己的行为承担全部的成本，所以他们会通过短期行为为自己谋取利益，对未来利益进行贴现。这种贴现行为会最大限度地进行，一直到这种行为的边际收益趋于零。

关于经理人的经营努力，由于

$$R_x'(e,d,x) = \bar{X}, C_x'(p,x) > 0$$

$$R_x'(e,d,x) - C_x'(p,x) = \bar{X} - C_x'(p,x) = 0$$

银行经理人会努力经营，一直到其耗费的成本等于政府给其设定的收益为止。在这种制度安排下，通过努力经营，无法获取相应的收益；同时，经理人不必为他们的摄取行为和短期行为承担全部成本，能够从这些行为获取比较高的收益，因此，他们会更多地选择摄取行为和短期行为，而不是努力经营。

我们考虑不同制度和产权安排的情况下银行经理人各种行为的排序。在社会最优情况下，考虑了金融资源使用的外部性和资源使用效率对资源价值的影响，银行经理人的摄取行为和短期行为受到约束。

在国家所有情况下，银行经理人目标函数中是不考虑其行为对金融资源未来价值的影响，也不考虑可能导致的外部性。而政府发现并惩罚的力度要小，其对经理人短期行为和摄取行为的约束比较小，使其行为导致的结果更加偏离社会最优。与社会最优情况相比，银行经理人在这种产权制度的安排下，摄取行为和短期行为更加猖獗。

在社会最优情况下，银行经理人会更加努力经营。而在国家所有的情况下，受到政府设定的收益约束，银行经理人更多的经营努力是无收益的。

二 银行经理人的行为分析

1. 摄取剩余收益

这里假定银行经理人都是风险中性的。银行经理人由于能够从他们弄虚作假的才能和方式中获得额外的或附加的收益，或者说是经济租金；而且这种行为的边际成本要小于由此获得的边际收益，因此，银行的经理人会摄取一部分剩余收益，获得了事实上的小部分剩余索取权。

银行经理人摄取这部分剩余收益有很多方式。他们可以采取高成本的活动，不考虑对于银行长远发展的影响。银行经理人实际摄取的剩余收益并不是没有限制的，可以随心所欲地摄取，而是存在边界的。这个边界主要取决于三个因素：第一，取决于经理人与委托人之间讨价还价的能力。如果银行经理人讨价还价的能力比较强，那么他们能够实际摄取和分享的剩余收益就会比较大，在支配剩余收益时随意行事的能力也比较强。他们与委托人之间讨价还价的能力取决于国有银行产权制度中委托人控制权的安排、银行经理人与委托人之间的历史渊源，以及委托人更换作为个体的银行经理人的成本。虽然同是代理人，但各个银行经理人讨价还价的能力却存在很大的差异。第二，取决于银行经理人实际摄取的收益是否大于其摄取所需要花费的成本。尽管他们支配剩余收益的能力比较强，但其实际摄取收益所花费成本如果更高时，他们也会停止这种负收益的摄取。第三，这个边界还受到成为代理人进行的政治竞争的约束。成为代理人无论是政治利益还是经济利益都是非常有吸引力的，很多人会为此而展开竞争，这对现行代理人带来了威慑力和竞争压力，使他们会加强自我约束。

银行经理人可能会摄取一部分剩余收益，获得了事实上的小部分剩余索取权。但从控制权的角度来看，作为代理人的银行经理人在事实上是无法掌握控制权的。因为，政府对能够影响金融资源价值的决策权利进行重新配置的能力是非常强的,可以任意剥夺银行经理人的代理权利,而无需考虑政治竞争压力。因此,本书认为,我国国有银行的"内部人控制"问题并不是十分突出。银行经理人行使的都是经营管理权,都是在所有权范畴内的。

2. 管理和投资决策上的短期行为

在我国国有银行的产权结构中,政府代表和银行经理人是没有权利为个人用途而使用和分配银行利润的,但在财产私有制下公司的股东却拥有这个权利。政府拥有国有银行的控制权,银行经理人拥有银行的日常经营管理权,但他们都不能出售这些权利,而在成熟的公司制度中,股东是可以在市场上公开地转让权利的,这种权利资本化会对股东造成压力,对代理人形成监督。

在我国国有银行的权利结构中,拥有权利的人没有相应的转让权,没有权力将这些权利资本化,这决定了他们无需为自己现行决策承担未来的结果。因为未来的结果没有办法预见,并且这个结果的价值无法得到体现,大家因此都不会关心银行的财富是否有遭受损失的危险,也不会尽力来维护未来的收益能力。而且人们这么做,也不会为此承担更多的费用和成本。

这个产权制度没有办法将现有行为的未来效应的价值有效地转换为现有市场价值,这就会对有可能影响资源潜在价值的现有行为产生作用,而对这种行为提供的激励和奖惩机制与这种权利可资本化并可出售的情况下是不一样的。比如,银行经理人将银行利润更多地分配给银行员工,或者直接奖励自己为银行做出的贡献是不可以的,但这种产权制度却允许银行经理人购置高级的办公楼,豪华的办公室，住五星级宾馆，出入都有警车开道等等。他们不能将自己的权利实现资本化获得收益，只能通过这种方式获得现有行为的将来收益。

银行经理人能够对金融资源如何在所有权框架内使用做出决策，但不能为自己谋取私利，不能出售这个资源使用权和收益权来增加自己财富，但却可以借助其拥有的权利过上更舒适、更方便和更富裕的职务生活。银行经理人用在职消费的好处代替了可以成为私产的消费，从而侵蚀了银行潜在的盈利能力。银行经理人在投资行为和管理行为上的短期效应是很容易理解的。

三 银行经理人行为的制度原因

所有权的重要特征是所有者要承担资源的价值后果，控制权可以说是控制决策以影响资源价值的权利。由于我国金融资源是国家所有的，从所有者对能够影响资源价值的决策因素进行控制、剥夺和重新配置的能力和权利来看，政府是拥有绝对控制权的。与此相对应的是，政府也拥有对应的剩余索取权。同时，政府将银行日常的经营管理权赋予了银行内部的经理人，将金融资源的使用权和收益权委托给了经理人。

我国国有银行在对银行经理人的监督上，也是采取了直接的行政性的监督方式。这种监督方式对银行经理人的行为模式提出的要求显然不同于在以赚取利润为唯一目的的公司对经理人提出的要求。在我国国有银行中，赚取利润不是最重要的，最重要的是看好国有的金融资源，不被盗用和滥用，至于是否被错用，是要区别对待的。政府同时要求国有银行和银行经理人肩负一定的社会使命。因此，对银行经理人的考核评价没有绝对的定量指标，这种监督方式的效果主要取决于委托人和代理人之间的信息是否对称和完全。

银行经理人的约束主要来自于银行内部或者金融体系内部对经理人级别和职位的竞争。很显然，委托人和代理人之间的信息必然是不对称的，是不完全的，否则就不会有代理理论和现实中的种种制度安排来解决这个问题。那么，在这种情况下，我国国有银行经理人与委托人之间讨价还价的余地比较大。政府对国有银行和银行经理人的监管更多的是在科学与艺术之间游走，在定性和定量之间权衡，在利润和社会责任之间平衡。

按照传统观念，国家是国有商业银行的唯一所有者，政府代表国家对银行行使所有者权力和控制权。因此，国家或者其代表政府是不可能退出银行的，这在前面已经论述过，政府不可能通过这种方式来威胁和惩罚国有银行及代理人。同时，政府对银行管理人员偏离政府利益的行为也不太可能随意给予惩戒。并不是他们没有惩戒的能力，而是因为，我国国有银行的经理人都是有较高行政级别的，对一个经理人的培养、考察、任命、使用和监督都是有较高成本的。而且，一旦任命后，这些经理人的影响是比较广泛的，对所在银行的声誉、业务发展的延续性等方面都有重要的意义。所以，国家更改代理权、更换代理人的成本是比较高的。也因此，政府不会对经理人轻易进行惩戒，甚至在他们做出偏离国家利益和政府行为的时候。

我国国有的金融资源产权制度影响了银行管理者以上的行为。

原因在于：

首先，银行的经理人是不持有银行股票或股份的，也没有能把他们的劳动努力与银行净值有效联系的股票期权，也就是说，他们对银行的剩余收益是没有要求权的，他们只领取事先规定的固定报酬。收入水平事先确定，与业绩水平关系不大，不存在清晰透明的市场化激励。而且，国有银行在选拔经营者时依然沿用行政任命方式，国有银行经营者晋升的主要途径是获得上级认可，而不是盈利。（虽然盈利是获得上级认可的因素之一，但不得不承认其间还掺杂了其他的非经济因素。）那么，他们就无须为他们的决策行为承担财富后果，也不必为银行经营承担风险。

其次，尽管我国金融市场也在不断发展，其他领域的市场化程度在提高，但资本市场和经理竞争市场在我国金融资源的配置中发挥的作用还是十分弱小的，这与我国金融资源产权制度有关。或者说，这两个市场为银行内部治理提供约束的市场力量是十分薄弱的。

经理人市场分为内部市场和外部市场。内部市场是企业内部管理者之间的竞争，外部市场是企业之间的管理者竞争。在我国金融体系中，人脉相袭的传统非常盛行，内部市场是最主要的，外部市场甚至还没有完全构建起来。无论是外部市场还是内部市场，都是通过经理人的"声誉"发挥作用的。但在我国金融体系中，"声誉"对经理人竞争的作用是十分微弱的。而且，由于银行内部各部门之间没有形成一个健全的协调与制衡机制，银行信息披露制度不健全，银行经营的透明度不高，来自内部对银行经理人进行竞争和监督的机制和动力也不足。

股票市场可以反映企业的价值和代理费用的高低,是约束代理人行为的有效制度安排。股东们可以运用投票权来避免代理人可能带来的损失,并可以作为代理人绩效的一种间接评价方式。但我国股票市场功能缺失,在事实上是起不到这样作用的,而且更主要的是,我国金融组织大都没有被推进这种资本市场中进行生存检验。

最后,在国有银行中,缺乏有效的国家利益的代表及机构,国家所有者"虚位"问题严重。没有真正能够代表国家利益的所有者,在克服信息不对称,充分掌握有效信息,并有利润动机的情况下,能够责任清晰地、真实地监督和评价银行经理人的绩效。

四 银行经理人行为的效率损失

在我国国有银行产权结构下,国家几乎承担了无限责任,银行无倒闭之虞,银行经理人不必为银行承担风险,因此他们有动力尽可能多地摄取国有银行的剩余收益和控制权。这种行为会导致损失或者租金耗散。由于产权约束的弱化,银行经理人进行摄取或谋取利益时产生的成本,可以转嫁给其他人,或者由银行来承担。这部分没有收益对应的成本就造成了损失。

银行经理人在摄取收益时,可能会采取一些低效率的手段,或者会产生低效率的结果。比如,他们积极推行银行信息系统,但花费巨资打造的系统并没有发挥多大作用,而且在看到效果不大后,他们还会继续积极推进新的信息系统来替代原来的。这种低效率的活动降低了银行的生产力,也是一种损失。此外,银行经理人摄取的剩余收益激励了更多的人要参与,从而又反过来激励作为既得利益者的银行经理人来保护和提高摄取的门槛,形成多方的非生产性博弈,增加了交易成本,这也是一种损失。

在实践中,没有对政府行使所有权的方式、内容、界限进行有效规范和制约。长期以来,国有商业银行与其他国有企业一样,也存在产权边界模糊、产权界定不清、产权约束弱化的现象。政府常常混淆金融资源所有者和公共管理者的身份,以行政性目标直接干预银行的正常经营,银行也常常将满足政府的政策偏好作为其经营目标。

近年来,国有商业银行也借鉴国际先进经验,在风险控制、财务管理、人事激励、业务流程、信息科技等方面进行了一些改革。但由于没有对产权制度进行进一步的改革和完善,缺乏从制度安排上真正明确责、权、利,约束银行所有者和经营者,也没有尊重不同生产要素的所有权,真正将不同市场合约和企业合约的选择权归还给要素所有者。所以说,银行改革的产权效应和由此产生的行为效应不尽如人意。

效率最大化要求企业剩余索取权的安排和控制权的安排应该对应(matching)(Milgorm 和 Roberts,1994)。可以说,这种对应是理解全部企业制度(包括治理结构)的一把钥匙(张维迎,2001)。这两种权利的分配,或者说,谁拥有这些权利是十分重要和关键的(参阅格罗斯曼和哈特1986,阿根亚和博尔滕1992,杨小凯和黄有光1995,张维迎1995等)。它们是怎么被分配的,由谁分配的呢?它们是根据产出最大化的原则,由资源所有者之间谈判和协商形成的，应该是最符合企业规模和业务特点的，也应该是交易成本最小的。这种安排只决定每个企业参与人事后讨价还价的既得利益状态（*status quo*），而并不消除事后讨价还价本身。这一点是格罗斯曼和哈特（1986）的一个重要贡献，对理解企业产权制度和契约安排非常重要。在他们的理论中，产权制度的重要性正是来自它对事后讨价还价的既得利益状态的影响（张维迎，2001）。这也是本章重点研究的内容。

我国金融资源的产权制度决定了银行的产权性质和制度安排，包括银行内部管理方式以及银行内部相应的组织形式，从而也决定了国有银行的发展历程和改革逻辑。国有银行的产权性质和制度安排影响银行这种组织的交易成本、激励结果和经济产出。国有银行不是自由选择的契约组合，而更像是行政组织。国有银行改革和发展的逻辑就是放权让利，放的是经营权利权，让的是固定的支付收入，这无非就是修改了原先约定的固定支付，而并没有将这之外的剩余收益的要求权让给银行。

国有银行尽管进行了一系列改革，但从产权含义上来说，关于银行剩余索取权和控制权的对应机制，以及该由谁来掌握这些权力的核心问题仍然没有触及。政府作为金融资源国家所有者的代表，掌握银行的控制权和剩余索取权，并且掌握着对作为代理人的银行经理人的直接任命权。无论是政府掌握的权力还是银行经理人掌握的经营权和金融资源使用权，都是没有市场估值的，不能转让和交易的，是无法资本化的。从而，这些权力就不能为现在的权力拥有者提供未来收益的现值，不能为其决策行为的预期结果提供价值参考，从而会导致人格化的政府和银行经理人都会做出短期行为。

政府仍然是国有银行的风险制造者和风险承担者，银行参与人事后讨价还价的既得利益状态（status quo）没有发生制度上的变化。但国有银行产权制度如上所说，通过给予的权利引致了不良行为。银行经理人在事实上摄取国有银行的部分剩余收益，造成了摄取损失。而且在产权制度上，银行经理人是不必承担其行为的财富后果和风险的，他们将摄取收益的成本和损失转嫁给了政府。因此，国有银行中，有更多的人在制造风险，但只有政府在承担风险，这反过来又激励了更多的人去制造更多的风险。国有银行的产权制度安排不利于建立有效的激励机制和内部治理结构，交易成本很高，损害了其自身价值的最大化。

从微观经济学上来讲，每个个体的行为都有外部性，企业实现价值最大化的产权结构和制度安排是使每个参与人的行动的外部效应最小化。在企业理论里，这个原则表现为"剩余索取权和剩余控制权的对应"，或者说"风险承担者（risk-taker）和风险制造者（risk-maker）的对应"。但现实中，有才能的未必有财富，有财富的未必有才能，若能实现两者统一，则是极其完美。现代股份公司则就是试图将才能和财富有效结合的一种制度。由于信息是不完全的，这种结合是有代理成本的，但存在的就是合理的。股份公司能够存在并发展至今，本身就说明这种制度运作的收益超过了代理成本。如何降低代理成本就成为股份公司产权制度安排中最关键的问题。

人力资本的产权特性在企业合约的情景中才会比较显著。人力资本与其所有者的不可分离性意味着,人力资本所有者容易"偷懒"(shirk),人力资本所有者可以通过"偷懒"提高自己的效用,所以人力资本所有者需要激励,这是一个永恒的主题。这个主题在我国国有银行改革和金融产权制度完善中应该是优先考虑的问题之一。

我国对国有银行改革的思路是具有延续性的,包括至今为止的重组上市,进行股份制改造。但这个思路缺乏一个前提条件,就是首先要对金融资源产权制度进行改革和完善。

第六章 我国金融资源产权制度变迁分析

金融资源产权制度是一切金融制度的基础，其变迁和发展决定了金融制度的整体发展和金融资源的使用效率。本章试图从制度安排和设计的角度，来研究我国金融资源产权制度的初始设计对制度变迁形成的约束，以及打破这种约束所需要的动力机制。

第一节 金融资源产权制度设计对其变迁的影响

本节主要研究我国金融资源的产权制度设计对制度变迁形成的制度约束。我国金融资源产权制度并非是最优的，但的确是经受住了环境变化的考验，表现出了很好的耐久性和惰性。那么，是什么原因和因素使产权制度能够产生耐久性和惰性呢？这些原因和因素就是金融制度变迁的影响因素。

根据博弈论，产权安排与资源配置是同时被博弈决定的，正好像寻租者们的博弈均衡不仅决定了资源在人们之间的配置，而且同时界定了寻租者们对资源的不同权利。我国金融资源产权制度就是在博弈的过程中产生了耐久性和惰性。"耐久性"在这里被定义为：制度在不断变化的环境中能够保持不变的特性。

一　金融资源产权制度与利益集团

我国金融资源产权制度约束对其中的参与各方都会产生一种角色的自我暗示和自我确立，而且这种自我暗示是有内在延续性的。这种制度约束对参与者行为的规定和约束会让他们产生一种自我定位，这种定位会在制度中不断得到强化。自我定位强化的结果就是，代理人都认为自己是官员，而不是企业家，不是管理者。在政府拥有人事任免权的制度安排中，代理人是将上级的人事任免作为自己的价值取向的，这是他们最主要的利益。

当市场条件、制度环境、技术，以及相对价格等发生变化从而导致金融资源稀缺性加强，并会新产生一些重大的外部性的时候，能够从权利的界定和重新界定中获取利益的人就会有激励去推动新产权制度的建立。代理人应该就是最具备条件的潜在产权拥有者，他们的信息相对最完备，他们最具备推动新产权制度建立的能力，他们也事实上最接近潜在产权拥有者的身份，甚至已经在执行产权拥有者的一些职能，只是没有这个名分而已。

新产权制度的建立或者对产权制度的改革和完善，要求潜在的产权拥有者具有得到这个权利的渴望和激励，受到产权约束的人也要尊重这种权力。只有这样，才能推动新产权制度的建立，否则，就缺乏产权制度创立和变迁的需求和动力。在我国金融体系中，事实上最具有创立新产权制度能力的代理人却缺乏创立新产权制度的激励。因为这与他们的利益取向是不相符的。在他们的自我意识里，他们是官员，这种定位已经在官僚组织中得到不断的强化，缺乏拥有实际产权的意识。而且，他们推动新产权制度建立是需要成本的，包括他们主动放弃官员身份的机会成本。他们非常担心，一旦放弃官员身份，就意味着他们要放弃特权和政治地位，从而丧失他们的谈判地位和优势，而这种地位和优势的丧失是无补偿的。与这些成本和代价比较，新产权制度的建立能够给他们带来的收益对于他们而言也许并不是那么有吸引力。

金融资源产权制度还产生了一个利益群体，他们要比代理人对产权制度及制度变化更具有决定作用，他们就是在政府中身居要职，掌握实际决策权利的一些政府官员。他们是政府的人格化代表，常常把自己的利益和偏好替代政府的偏好加以体现。他们会利用自己所掌握的政治资源、信息资源、人脉资源等，利用自己的职位优势和战略地位，制订使自己能够直接从中获取利益的产权制度。他们形成了一个利益集团，如果调整产权制度，将会意味着让他们放弃目前产权制度给他们带来的租金。

他们对产权制度变化的态度对产权制度的变迁产生了十分深远的影响。他们成为这个产权制度下的既得利益者，对推动现有产权制度向低成本制度转变的激励不足，他们从现有的制度中谋取了利益。诺思（1990）和青木昌彦（2000）等人认为，整体制度安排能够不受环境变化的影响，保持一种耐久性，主要原因在于制度形成的内在惯性，使制度中的既得利益者能够拥有足够的资源、能力和权力来维护既得利益。

作为利益集团，一些政府官员们通过自己的政治和经济资源将官僚体系和官僚文化不断进行再生产，这反过来又进一步稳固了现行制度。制度的惯性和耐久性，强化了利益集团的力量，扩大了他们的规模，增强了他们对金融决策产生的影响力，这就形成了一种强化机制。这种强化机制增大了削弱利益集团力量和减少他们影响力的难度和成本。

利益集团会对我国金融资源产权制度和其他金融制度的变革形成一定的阻碍。中国渐进式改革中形成的既得利益集团，具有阻碍改革进一步深化的动机和能力，这会大大减缓中国的改革进程（Sachs，胡永泰，杨小凯，2003）。

但这种阻碍并不一定表现为利益集团就是维持制度的现有形式而不变。恰恰相反，他们也会迫于某些压力，而对现有制度进行一定的变革，但这些变革是形式上的，对制度的本质没有触及。从一开始，他们就可以确信这种改革是触及不到制度本质的，也就不会触及他们的利益。随着外部环境的变化，他们通过以路径依赖的方式改变其制度形式，但仍保持对租金的获取，只是获取了不同的租金。正是由于他们能够根据环境的变化而相应地对制度做出调整，才确保了产权制度能够在环境的变化中得以为继和发展。

二 金融资源产权制度与其他的制度

金融资源产权制度对金融组织控制权的分配产生了影响。不同的契约形式治理不同的金融交易。金融契约一般被分为两大类：一类是通过金融中介机构来治理金融交易的契约形式，具体形式就是贷款合约；另一类就是由投资者和企业直接谈判形成的契约制度。从我国金融契约形式出发，显然，我国主要是通过银行这种金融中介机构来开展金融活动的，以贷款合约为主要表现形式，形成了大量的债权债务关系，而且主要是银行与国有企业之间的债权债务关系。

债权和股权的不同之处在于，它们对企业现金流的要求权是不同的。债权要求的是固定收益权，而股权要求的是剩余索取权。金融契约形式决定了国有企业形成了特定的、以债务为主的财务结构。财务结构的本质是治理结构，也就是控制权的分配。国有企业的控制权是归全体人民的，实际行使这个控制权的是政府。债务为主的财务结构意味着，在违约后政府将失去这个控制权，而将控制权转交给债权人。在我国，银行控制权的掌握者也是政府，也就是说作为债权人的控制者也是政府，因此，就不会存在政府交出国有企业控制权的情况，也就不会出现国有企业控制权旁落他人的情况。这就是真实的国有企业治理结构，对国有企业和企业管理者的行为产生决定性作用。

金融契约对国有企业治理结构产生的影响反过来又影响了金融契约。政府将会进一步强化和稳固这种契约形式的本质，因为这种契约本质的变化，将影响到国有企业控制权的重新配置和治理结构的重制，涉及国有企业财务约束的问题，涉及国有企业形成的呆坏账如何消化以及由谁消化的问题，而这些都会给政府带来巨大的损失，提高了政府改革金融契约形式的成本，无形中造成了对金融契约改革和发展的阻碍。

制度是具有互补性的。青木昌彦的研究表明，各个领域的决策者是不一样的，即使是一样的，或者能够协调各个领域的制度和决策，但在其中一个领域做决策时，因认知和决策的有限理性，决策者也会把其他领域的流行制度视为外生参数。只要把其他领域的制度看作为外生参数，就是超出了自己的控制范围，它们就构成了一种制度环境。面对这样的制度环境做出的决策也会对其他领域的参与者的决策和制度产生反馈作用，反之亦然。

我国金融资源产权制度及其决定的金融契约安排与国有企业治理结构之间形成了相互依赖，也就是制度之间的互补性。这种互补性的存在意味着富有活力的制度安排——在结合不同域的制度的意义上——构成一种连贯的整体，任何单个制度在孤立情况下都不会轻易地被改变或设计。[1] 因此，在已经形成了整体性的金融和经济制度中，要想单独或孤立地变革金融制度，不是一件很容易的事情。由于制度互补性特征，金融资源产权制度对其他制度形成了影响，反过来，这些影响进一步固化了目前的产权制度。

金融资源产权制度与国有企业制度存在互补性，但互补的制度并非是帕累托最优的。如果单个制度要想进行帕累托改进，提高效率，会受到制度整体性的干扰而很难进行。因为它的改进，需要同时改变互补性制度。或者它的帕累托改进，由于存在互补性关系，会引起其他相关制度的连锁反应。这个过程是很艰难的，成本也是很高的。因此，这种并非帕累托最优的整体制度有可能得到延续。

在谈到制度互补性问题时，不得不谈到我国金融资源产权制度

---

[1] 青木昌彦：《比较制度分析》，上海远东出版社，2001。

作为正式规则与由我国传统观念和习俗构成的非正式规则之间存在的互补性关系。它们之间的确存在互补性，而且是相互渗透、相互依存和相互关联的。尤其是对于我国这样一个具有悠久历史的国家，经过几千年的发展、延续和沉淀，一些观念和习俗深深地根植在人们的心中，对人们认识和行为的影响是根深蒂固的。此外，我国一直是一个人治的国家，人们之间的行为规范、权利和责任界定，以及惩戒等一直是由人决定的，而不是制度决定的。人决定的依据就是大家达成共识的观念和习俗等。所以说，非正式规则在我国的影响力要比其他国家更大、更深。

如果只是改变了正式规则，非正式规则由于惰性而难以相应变化的话，那么两者之间就会发生冲突，正式规则也不太可能实施。格雷夫比较了不同地区的商人解决同一代理问题的不同方式，得出结论：共同预期（他称之为文化信念）在促成代理商诚实交易方面起到了非常重要的作用，并且认为它们对于制度发展轨迹也具有重要的作用。由于文化信念和传统等存在差异，这些差异对相应经济组织的扩充能力也产生了重要影响。

政府本身作为博弈参与者在认知上是有限的，是存在局限的。我国金融资源产权制度的初始设置就是基于传统观念、信念和文化基础，以及政府的有限认知形成的，这是潜移默化的，是政府等产权制度的构建者和参与者都无法摆脱的。可以说，产权制度与非正式规则、产权制度与其他领域的正式规则之间是非常契合的。在产权制度的实施过程中，参与者之间的博弈也是以人们实现共识的观念和习俗为基础的，非正式规则对均衡博弈的结果具有重要的作用。这也是产权制度有效实施,持续发生作用的有力保障,确保了产权制度的耐久性。而产权制度的实施也进一步强化了已有的观念和习俗。

总之,制度之间的相互关联和依赖决定了,只有相互一致的、符合制度之间互补性和关联性要求的制度安排才可以维系,才能持久,否则,再是精心设计的制度也有不稳定的因素。这类典型的例子在转轨国家中是最常见的,因为这些国家都存在制度转轨。比如,我国学习成熟市场经济国家发展证券市场,进行了相关的制度安排,却产生了一个很奇怪的市场,就是这个市场并不是选优的市场,业绩好的企业未必能够进入证券市场。恰恰相反,业绩不好的企业却能够进入市场,市场中充斥很多的劣质企业、虚假信息等。这个市场中存在得到法律和政策允许的同股不同权的情况。等等类似的现象充分说明了这样一个问题,证券市场相关的制度没有能够与其他相关联的制度进行有效的衔接,因此,尽管证券市场的制度安排是精妙的,但执行的结果却是糟糕的。精妙的设计与现存的制度环境之间缺乏必要的"耦合",这决定了制度发展独特的历史轨迹。

三 金融资源产权制度与参与者的博弈行为

经济学家们从不同的角度对制度进行认识和思考,诺思把制度定义为"博弈规则",分为正式规则和非正式规则。后来研究得出,博弈规则是内生的,他们通过包括实施者在内的博弈参与人之间的策略互动最后成为自我实施的(self-enforcing)。① 所以,从博弈的

---

① 青木昌彦:《比较制度分析》,上海远东出版社,2001。

观点来看，制度就是一种博弈均衡。参与者不仅受制于制度，而且也受益于制度。制度治理着参与者在重复博弈中的策略互动。

本书认为，我国金融资源产权制度在初始设置上是由政府决定的，制度中涉及的人没有参与制度的设计和构建。这个制度也没有给予参与者进行选择的权利，包括不参与这个制度和退出这个制度的权利。但只要参与者是理性的，他们就会主动在制度的框架内为自己的利益而进行博弈。产权制度为他们的博弈行为提供了信息和激励结构，从而影响了他们参与博弈的意识、博弈能力和博弈行为。他们的博弈行为反过来又影响了产权制度。

制度的参与者会依据他们的有限理性、有限的认知、有限的知识结构和权力结构（这些也构成了他们进行博弈的参数），对应相应的制度对自己的行为决策进行策略选择。在初始的制度安排中，是根据个人的才能、资源和禀赋赋予其职能、相应的权力和责任的。这相当于为参与者提供了特定的信息结构和激励结构。

这些信息结构和激励结构为参与者的行为设置了框架，与他们自身的有限知识等结合，决定了他们博弈的意识、能力和行为。比如，在我国金融资源产权制度中，政府官员和代理人掌握的信息是相对全的，掌握的资源是相对多的，本身的认知程度也是相对高的。所以，他们的博弈意识是最强的，博弈能力也是最强的。

为他们提供的博弈激励在前面章节已经分析过了。他们之间会根据特定的情况，采取合作或者非合作博弈。与他们相比，其他参与者在掌握的信息量、资源、本身知识结构等方面比较少，博弈的意识就比较薄弱，能力和激励也相对低。其他参与者也许能够从另一种制度获取利益，为此他们必须在现有制度框架内进行博弈，但他们缺乏博弈所需要的资源和能力，甚至包括博弈意识。

在制度的长期存续中，参与者会发展和积累与其在制度中职能和责任相关联的知识、技能，发展相关潜能，以不断增加其在制度中的价值，从而巩固和扩大其在产权制度中的能力和权利，以便从制度中获取更多的利益。这种积累为他们的博弈行为增添了力量，强化和固化了他们的博弈行为，相应地，也支持了他们所处的组织和制度，使组织得到扩张，使制度得到永久化。总之，参与者围绕着制度所需技能的竞争，有助于积累对制度耐久性意义重大的资源（青木昌彦，2001）。

第二节 我国金融资源产权制度变迁的动力机制分析

本节的分析主要借鉴了比较制度分析中的一些分析框架、思路和假设。如果说制度是一种博弈均衡的话，那么就可以在均衡制度观的框架内分析我国金融资源产权制度的变迁机制。本书采纳了青木昌彦的假设，即博弈参与人对于博弈只拥有个人的不完备观点，这被称为主观博弈假设。

一 我国金融资源产权制度发展的总体描述和评价

从制度的角度看，金融发展表现为金融制度变迁的过程。总的来说，我国的金融发展主要体现为四个方面：一是金融总量的增长，包括金融资产总量的增长、金融产出的增长、金融组织数量和规模的增长、金融产品品种的增长，以及金融从业人员的增长等；二是金融体系的拓展，包括除了银行之外，保险、证券、基金等相应金融活动和金融组织的产生，新市场、新工具、新机构等等的不断出现，金融体系得到了拓展和丰富；三是金融结构的变化，包括金融资产结构、金融组织结构、金融市场结构等都发生了变化，资本市场得到发展，改变了银行体系一枝独秀的局面；四是金融组织治理情况的改善，主要体现在国有银行的商业化和公司化改造，致力于完善内部治理结构。金融发展为我国经济发展提供的支持在增长。

制度变迁就是参与者行为的策略决策和他们对制度形成的共识发生了根本性的变化。这应该和参与者根据固定的规则对环境的微小变化做出的边际反应区分开来。从以上分析看，我国金融资源产权制度的实质性变迁少，更多的是一种边际变化和产权制度不断拓展边界的过程。

事实上，自改革开放以来，我国金融资源产权制度的权利结构和利益结构一直都没有改变，权利的契约形式也一直是以科层形式为主，制度参与者的博弈行为策略也没有实质性的变化。政府仍然是产权制度的主导者，只是受到了利益集团强有力的影响。各个代理人具有同质性，形成负和博弈。不管是银行市场化改革，还是金融市场建立和完善，都存在一个问题，就是没有对金融资源产权结构和制度进行改革。即便是金融市场，也是缺乏产权主体的，只能是政府"自己与自己交易的场所"。如何将政府自己与自己的交易转变为真正的金融资源产权主体之间的交易,是金融改革和制度变迁面临的一个基本问题。①

金融资源产权制度边界的扩展是我国金融制度变化的一个最显著的现象。任何一个社会都存在一个合理的产权规模和水平,它是与产权依附的资源价值相匹配的,也是与市场体系、价格体系、制度体系等相匹配的。过大的或过小的产权规模和水平都会导致高成本。在我国的金融体系中,这种并不是最优的产权制度也应该是有一个生存边界的,在这个生存边界上,产权制度的边际成本与边际收益相等。不断拓展边界,可能会导致边际成本大于边际收益,这反而会损害社会福利,造成效率损失。

二 我国金融资源产权制度变迁的动力机制

本书认为,我国金融资源产权制度的初始形成具有相当的特殊性,是在特定的历史时期和特定的政治统治下形成的。政府起到了绝对的主导作用,是政府主导设计的。在设计的过程中,充分考虑了政府的利益和偏好,也是对各方利益进行平衡的结果。政府的力量是不可替代和抗衡的,产权制度的其他参与者通过自己行为进行博弈参与产权制度设计的能力很弱,作用非常有限,在我国的实际情况中几乎是可以忽略的。因此,我国金融资源产权制度的形成不是个体参与者策略性行为的博弈。

而在产权制度的长期实施过程中,促成了各个不同利益集团的形成,他们之间为了各自的利益进行博弈。利益集团是有特权的,

---

① 张杰:《中国金融改革的检讨和进一步改革的途径》,《经济研究》1995 年第 5 期。

他们与其他的制度参与者在行为策略上是存在差异的。他们拥有足够的资源、权力和能力进行博弈，从现有制度中获取利益。那些无法从现有制度中获取利益的参与者又没有能力、资源和权力建立新制度，以获取新制度可能带给他们的潜在利益。

利益集团缺乏建立新产权制度的利益动机，因为在现有制度中推动新制度建立的成本太大，他们之间的博弈是在现有产权制度框架内进行的。他们的博弈行为不会对现有产权制度向新制度的转变起到有力的推动作用。但他们的博弈行为会导致产权制度的边际变化和制度边界的不断拓展。这个结果也是最有利于他们从现有制度中获取利益的，所以利益集团不会轻易地改变其行为策略。因此可以说，我国金融资源产权制度在实施过程中形成了一个特权博弈均衡，或者说是有条件的博弈均衡。

这个均衡是建立在特权基础上的，一旦特权被取消，或者特权完全给了另外一些群体，则这个博弈均衡就被打破了。但这个特权的取消和转移在现有产权制度下是不太容易实现的，这相当于为产权制度提供了增强机制。在特权博弈均衡下，产权制度的参与者不变，博弈规则不变，环境不变等，按照上述制度变迁的定义，产权制度的变迁是很难发生的。

我国金融资源产权制度实现变迁的动力机制是，利益集团采用现行行为策略进行博弈的成本过大，以至于他们建立新制度的收益变得更有吸引力，产生了建立新制度的激励。在金融资源产权制度中形成的利益集团掌握着足以影响政府决策的资源，并可以以此寻求自身利益。因此，他们拥有建立新制度的能力和资源。如果现有制度对他们从中获取利益的行为造成了高成本高门槛，那么他们就会成为推动现有制度向新制度变迁的主导力量。

制度是具有互补性和依赖性的，但只有互补性和相关性最强的一些制度之间才能真正制约其中单项制度的变迁。也就是说，对于单项制度的变迁，互补性和相关性最强的制度才会产生有力的影响。这里称之为核心制度群。金融资源产权制度的变迁受到核心制度群中其他制度变迁的制约。产权制度的变迁需要核心制度群的相应变化，也是核心制度群整体性变化的结果。

金融资源产权制度中的利益集团要和其他领域中制度的决定群体进行相应的合作博弈，才能真正推动产权制度的变迁。其他领域中制度的决定群体对金融资源产权制度中利益集团的态度决定了他们是否也会采取合作博弈的行为。这构成了金融资源产权制度变迁的制约条件。

将制度看做一种结构，是十分有利的。阿尔奇安在《产权经济学》一文中说到，产权不仅是由国家暴力强制性地界定和保护的，在很大程度上，也是由社会风俗习惯和文化传统塑造的。也就说，要将有形的制度安排与无形的制度安排结合起来，形成正式约束和非正式约束，他律和自律。这对我们理解我国金融资源产权制度的变迁路径和过程具有重要作用。不仅是包括法律、制度和政策在内的正式规则对制度变迁有影响，而且由社会习俗、习惯和文化等组成的非正式规则对制度变迁也会产生非常重要的作用，应该将两者有效结合起来理解我国金融资源产权制度的变迁过程。

制度变迁具有很强的"路径依赖"，甚至有锁定效应。我国现有的金融资源产权制度及制度给参与者提供的预期决定了产权制度的变迁必然是沿着这样一个道路发展，就是现有的产权制度不断拓展边界，一直到这个制度对利益集团的博弈行为产生了很高的成本，以至于他们不得不要改变行为策略时，他们才会推动新制度的建立，以降低获取利益的成本。

如果要改变金融制度的变迁路径，就要对现有的产权制度进行一次比较彻底地改革。如果要彻底变革金融资源产权制度，就需要改变利益集团博弈行为的成本－收益结构。但这是一个长期而艰难的过程。金融资源的产权制度已经成为我国的"稀缺资源"。

第七章 结论

　　本书研究我国金融资源产权制度的主要目的在于，研究金融资源通过什么制度以及如何通过该制度转换成更有价值的形态问题。

　　从理论上讲，所有权规定了资源的物质属性，产权规定了资源的社会属性。资源的特点和价值会影响产权结构及其变迁。资源结构和生产结构的变化、新市场的出现、价格体系的变化、新技术的出现等，都会影响产权结构及其变迁。当某种资源的潜在价值还没有得到显现和认识的时候，对这种资源进行产权界定和保护的需求就比较小。反之，对权利界定和保护的需求就会比较强烈。

　　一种新的权利得以确认和保护，就会影响原有的产权结构。比如，人们对淡水，石油等越来越稀缺的资源，对它们价值的认识和保护就存在一个较长和较曲折的发展和斗争过程，这也体现为这些资源产权结构变迁的过程。这一过程有政府强制进行权利安排并建立配置权威的，也有通过市场竞争而自发形成的排他的、可交换的、受到法律保护的个人权利的。

　　我国金融资源的产权制度实际上是没有契约但又是由政府确立

和维持契约型行为的一种制度。这种制度的交易成本比较高，但考虑了政府的利益和利益集团的作用，这就可以理解，为什么这个制度依然能够持续存在。但在这个产权制度下，存在效率和社会福利的损失。

我国金融资源产权制度选择的金融契约形式是科层和官僚形式的，契约的订立成本低，但执行成本很高。在这个制度下，银行和市场作为两个契约中心，交易成本都很高；在产权的代理关系中，两者为争夺金融资源代理权进行博弈，具有很高的道德风险。在决定金融市场契约性质和效率的产权制度依然是原有的产权制度的情况下，谈论大力发展我国金融市场是缺乏前提的。

对于国家能否设计和实施有利于经济增长的金融资源产权结构需要取决的因素，本书采纳了思拉恩.埃格特森的归纳，他概括了四点：(1) 统治者承担他们行动产生的全部社会成本和经济利益的程度。(2) 产权清晰界定和被保护的程度，以及契约执行和争端解决的成本。如果产权能够清晰界定，有保护，契约执行和争端解决的成本很低，那么就能够形成一个激励结构，鼓励更多的生产性行为。(3) 产权结构降低资源（资产）界定成本和交易成本的程度。(4) 高交易成本阻碍私人合约的执行时，国家按照社会福利最大化标准直接配置资产产权的程度。

依据这四个因素，本书的研究认为，我国政府设计和实施的金融资源产权结构对经济增长的作用是有限的。尤其重要的是，在我国改革开放多年后，经济体系中其他领域逐步向市场化推进时，这种金融资源产权制度对经济增长的作用正在呈现边际递减。

要提高金融资源的配置效率，为经济增长提供强劲的动力，只有进行金融资源产权制度的调整，改变权利的配置格局。金融资源产权安排的变化可以显著地影响参与者的行为，形成新的激励结构和利益结构。为此，政府需要从制度上加强对所有权权益的维护和保障，鼓励和保护个人订立和执行合约的权利，逐步用所有权约束取代行政约束。这种对金融资源产权结构的调整和重新界定将会对社会福利产生良好的影响。

本文的主要观点和结论是：

（1）我国金融资源产权制度的结构设计和具体实施是由政府主导的，体现了政府及利益集团的利益和偏好。

（2）产权制度是通过层级式的委托代理方式实施的，具有内生性。这个权利链条中缺乏真正的权利主体，都是代理人。

（3）产权制度的主要特征以行政约束替代了所有权约束。金融活动不是由人们之间协商达成的契约进行约束和协调的，而是由行政等级和规则来约束的。

（4）委托人的利益代表缺位，代理人的不履约行为倾向强烈，严重弱化了激励机制。政府对代理人的监督约束机制有待完善，对代理人行为的度量有待优化。制度导致的高成本形成了社会损失。

（5）我国金融资源的产权制度安排影响了金融契约形式的选择。在这种制度下，选择银行这种契约形式具有必然性，尽管这种契约形式的交易成本会相对高。市场这种契约形式与这种产权制度是不相容的。

（6）金融资源产权制度产生了比较强的耐久性和惰性。由于存在"路径依赖",这种制度的变迁方式就是现有产权制度不断拓展边界。要想变革这种制度,使其向着低交易成本方向发展,就需要改变利益集团博弈行为的成本-收益结构。

(7)要提高金融资源配置效率,为经济增长提供强劲的动力,只有进行产权制度的调整,改变权利的配置格局,形成新的激励结构和利益结构。为此,政府需要从制度上加强对所有权权益的维护和保障,鼓励和保护个人订立和执行合约的权力,逐步用所有权约束取代行政约束。

参考文献

1. 埃瑞克·G·菲吕博顿、〔美〕鲁道夫·瑞切特编《新制度经济学》，孙经纬译，上海财经大学出版社，1998。

2. 〔美〕巴泽尔著《产权的经济学分析》，费方域，段毅才译，上海人民出版社，1997。

3. 〔美〕戴维·L.韦默著《制度设计》，费方域，朱宝钦译，上海财经大学出版社，2004。

4. 〔美〕道格拉斯·诺思著《制度、制度变迁与经济绩效》，上海三联书店，1994。

5. 〔美〕道格拉斯·诺思著《经济史上的结构与变迁》，陈郁等译，上海三联书店，1991。

6. 〔冰岛〕思拉恩·埃格特森著《经济行为与制度》，吴经邦等译，商务印书馆，2004。

7. 〔日〕青木昌彦著《比较制度分析》，周黎安译，上海远东出版社，2001。

8. 〔美〕R·科斯、A·阿尔钦、D·诺思著《财产权利与制度变迁》，刘守英等译，上海人民出版社，2004。

9. 〔比〕热若兰·罗兰著《转型与经济学》，张帆，潘佐红译，北京大学出版社，2002。

10. 盛洪主编《现代制度经济学》（上、下卷），北京大学出版社，2002。

11. 钱颖一：《现代经济学与中国经济改革》，中国人民大学出版社，2003。

12. 谢平、陆磊：《中国金融腐败的经济学分析》，中信出版社，2005。

13. 杨瑞龙：《现代企业产权制度》，中国人民大学出版社，1996。

14. 张杰：《制度、渐进转轨与中国金融改革》，中国金融出版社，2001。

15. 周业安：《金融市场的制度与结构》，中国人民大学出版社，2005。

16. 聂辉华：《交易费用经济学：过去、现在和未来——兼评威廉姆森〈资本主义经济制度〉》，《管理世界》2004年第12期。

17. 翁君奕：《机制设计理论评述》，《经济学动态》1993年第7期。

18. 杨瑞龙、聂辉华：《不完全契约理论：一个综述》，《经济研究》2006年第2期。

19. 张军：《社会主义的政府与企业：从"退出"角度的分析》，《经济研究》1994年第9期。

20. 张杰：《中国金融改革的检讨和进一步改革的途径》，《经济研究》1995年第5期。

21. 张维迎：《所有制、治理结构及委托－代理关系——兼评崔之元和周其仁的一些观点》，《经济研究》2001年第9期。

22. 张曙光：《从"计划"合约走向市场合约—对国有企业改革的进一步思考》，《管理世界》2005年第1期。

23. Armen Alchian（1978）. Corporate Management and Property Rights. Chapter 9 of *Economic Forces at Work*, Liberty Press（Indianapolis, 1978）.

24. Alchian, A. （1950）. "Uncertainty, Evolution, and Economic Theory", *Journal of Policy Economy*.

25. Anderson, Terry L., and Hill, Peter J. （1975）. "The Evolution of Property Rights: A Study of the American West." *Journal of Law and Economics* 18（No. 1, April）.

26. Barzel, Yoram （1974）. "A Theory of Rationing by Waiting." *Journal of Law and Economics* 17（No. 1, April）.

27. Benson, Bruce L. （1984）. "Rent Seeking from a Property Rights Perspective." *Southern Economic Journal*（October）.

28. Cheung, Steven N. S. （1970）. "The Structure of a Contract and the Theory of a Non-exclusive Resource." *Journal of Law and Economics* 13（April）.

29. （1970）. "The Structure of a Contract and the Theory of a Nonexclusive Resource." *Journal of Law and Economic* 13（No. 1. April）: 49 – 70.

30. （1996b）. "Transaction Costs, Risk Aversion, and the Choice of

Contractual Arrangements." *Journal of Law and Economic* 12 (No. 1. April): 23 – 42.

31. Gordon, H. S. (1954). The Economic Theory of a Common Property Resource: The Fishery." *Journal of Political Economy* 62 (April): 124 – 142.

32. Harold Demsetz (1976). "Toward a Theory of Property Rights", *American Economic Review*, May 1967.

33. Fama, Eugene F., and Jensen, Michael C. (1985). "Organizational Forms and Investment Decision." *Journal of Financial Economics* 14 (No. 1): 101 – 119.

34. (1983). "Agency Problems and Residual Claims." *Journal of Law and Economics* 26 (June): 327 – 349.

35. Gordon, H. S. (1954). "The Economic Theory of a Common Property Resource: The Fishery." *Journal of Political Economy* 62 (April).

36. Hannesson, Rognvaldur (1986). "Rent Seeking." Working paper [In Norwegian]. Bergen: Norwegian School of Economics and Business Administration.

37. Jensen, Michael C. (1983). "Organization Theory and Methodology." *Accounting Review* 58 (No. 2. April): 319 – 339.

38. Jensen, Michael C., and Mecking, William H. (1976). "Theory of the Firm: Managerial Behavior, Agency Costs and Ownership Structure." *Journal of Financial Economics* 3 (No. 4).

39. Jensen, Michael C. , and Mecking, William H. (1979). "Rights and Production Functions: An Application to Labor-Managed40. Firms and Codetermination. " *Journal of Business* 52 (No. 4).

41. J. Kornai. (1993). "The Evolution of Financial Discipline Under the Postsocialist System", KYKLOS, v. 46, pp. 315 – 336.

42. Krueger, Anne O. (1974). "The Political Economy of the Rent Seeking Society. " *American Economic Review* 64 (No. 3, June).

43. Libecap, Gary (1978). "Economic Variables and the Development of the Law: The Case of Western Mineral Rights" Journal of Economic History 38 (No. 2, June): 399 – 458.

44. (1986). The Political Economy of Cartelization by the Texas Railroad Commission, 1933 – 1972. " Working Paper. Tucson: University of Arizona, Department of Economics.

45. Libecap, Gary D. , and Wiggins, Steven N. (1985). " The Influence of Private Contractual Failure on Regulation: The Cost of Oil Field Unitization. " Journal of Political Economy 93 (No. 4): 690 – 714.

46. Litan, Robert E. , and Schuck, Peter H. (1986). "Regulation Reform in the Third World: The Case of Peru. " Yale Journal on Regulation 4 (No. 1, Fall).

47. McNulty, Paul J. (1984). " On the Nature and Theory of Economic Organization: The Role of the Firm Reconsidered. "

History of Political Economy 16 (2): 233 – 253.

48. M. Schaffer. (1989). "The Credit-Commitment Problem in the Center-Enterprise Relationship", *Journal of Comparative Economics*, Sept. 13 (3), pp. 359 – 382.

49. Nove, Alec (1986). The Soviet Economic System, 3rd ed. London: Allen & Unwin.

50. Terry L. Anderson and Peter J. Hill. (1981). "Establishing Property Rights in Energy: Efficient vs. Inefficient Processes." Cato Journal, Vol. 1, (No. 1, Spring).

后 记

我国金融改革开放二十多年来,取得了令世界瞩目的进步。尤其是进入二十一世纪后,随着国有商业银行的上市,中国掀开了金融改革和发展的新篇章。这对金融问题的研究提出了新的要求和挑战。我国金融研究也随着金融改革的实践而不断发展和提高,对很多问题的研究都在不断深入,为金融实践提供了有力的理论支撑。但大多都集中在政策层面和技术层面的研究,对于决定金融发展的核心问题—产权制度的研究却比较少。

本书是在博士毕业论文的基础上,结合当前金融改革发展状况,改写而成的。本文试图对金融资源产权制度的安排及影响进行一个全面的论述,希望能够对所有权制度和产权制度、对产权制度是如何影响金融领域参与者的行为、对其如何影响金融组织的选择和金融制度的变迁提出有益的见解,为提高金融资源配置效率,促进金融改革和发展提供参考。但由于时间仓促,作者对金融改革和发展大局的掌握不一定全面,对金融制度深层次问题的认识不一定到位。因此,真心期待对此有兴趣的研究者,继续把金融资源产权制度的研究深入下去，尤其是采用主流经济学的研究方法，将论述计量化和数理化。

金融资源产权制度研究涉及的理论体系庞杂，对研究者的实践要求较高，对我国金融改革和发展意义重大。以作者的理论和实践水平，驾驭和把握如此庞大的题目，有很大的难处。当初选择这个题目，也是出与总结自己在银行和证券行业工作实践的目的，希望能够把自己在实践中的感悟、思考和困惑提高到理论高度，进行理论梳理。如果我的研究能够提出一些问题，引起更多的思考，为更深入的研究提供一定的素材，对我国金融改革有些许益处，亦感欣慰。

感谢公司领导对研究工作的高度重视和大力支持，提供《中国建投研究丛书》这个平台，让我有机会与大家共同探讨金融产权制度问题。感谢导师谢平教授在我的博士求学期间，给予了悉心的指导和教诲。感谢中国人民银行研究生部的唐旭主任、赵海宽教授、吴念鲁教授、秦宛顺教授、钱小安教授等等老师给了我很多的指点和教诲，对我的论文提出了有价值的批评和建议，在此，我要真诚地向各位老师表示最真挚的谢意！

今后，将加倍努力，在金融研究和实践中进行前行，为我国金融改革和发展贡献微薄之力，以报答所有给过我支持和关心的人们！

柯　珂

2012 年 11 月于北京

社会科学文献出版社网站
www.ssap.com.cn

1. 查询最新图书
2. 分类查询各学科图书
3. 查询新闻发布会、学术研讨会的相关消息
4. 注册会员，网上购书，分享交流

　　本社网站是一个分享、互动交流的平台，"读者服务"、"作者服务"、"经销商专区"、"图书馆服务"和"网上直播"等为广大读者、作者、经销商、馆配商和媒体提供了最充分的互动交流空间。

　　"读者俱乐部"实行会员制管理，不同级别会员享受不同的购书优惠（最低7.5折），会员购书同时还享受积分赠送、购书免邮费等待遇。"读者俱乐部"将不定期从注册的会员或者反馈信息的读者中抽出一部分幸运读者，免费赠送我社出版的新书或者数字出版物等产品。

　　"网上书城"拥有纸书、电子书、光盘和数据库等多种形式的产品，为受众提供最权威、最全面的产品出版信息。书城不定期推出部分特惠产品。

咨询／邮购电话：010-59367028		邮箱：duzhe@ssap.cn	
网站支持（销售）联系电话：010-59367070		QQ：1265056568	邮箱：service@ssap.cn
邮购地址：北京市西城区北三环中路甲29号院3号楼华龙大厦	社科文献出版社	学术传播中心	邮编：100029
银行户名：社会科学文献出版社发行部	开户银行：中国工商银行北京北太平庄支行		账号：0200010009200367306

图书在版编目(CIP)数据

我国金融资源产权制度研究/柯珂著. —北京：社会科学文献出版社，2013.1
（中国建投研究丛书）
ISBN 978-7-5097-4249-5

Ⅰ.①我… Ⅱ.①柯… Ⅲ.①金融-产权制度-研究-中国 Ⅳ.①F832

中国版本图书馆 CIP 数据核字（2013）第 015601 号

・中国建投研究丛书・

我国金融资源产权制度研究

著　　者 / 柯　珂

出 版 人 / 谢寿光
出 版 者 / 社会科学文献出版社
地　　址 / 北京市西城区北三环中路甲 29 号院 3 号楼华龙大厦
邮政编码 / 100029

责任部门 / 经济与管理出版中心 （010）59367226　　责任编辑 / 许秀江　王婧怡
电子信箱 / caijingbu@ssap.cn　　　　　　　　　　　责任印制 / 岳　阳
项目统筹 / 恽　薇
经　　销 / 社会科学文献出版社市场营销中心 （010）59367081　59367089
读者服务 / 读者服务中心 （010）59367028

印　　装 / 北京季蜂印刷有限公司
开　　本 / 787mm×1092mm　1/16　　　　　　　　　印　张 / 11
版　　次 / 2013 年 1 月第 1 版　　　　　　　　　　字　数 / 121 千字
印　　次 / 2013 年 1 月第 1 次印刷
书　　号 / ISBN 978-7-5097-4249-5
定　　价 / 39.00 元

本书如有破损、缺页、装订错误，请与本社读者服务中心联系更换

▲ 版权所有　翻印必究